JN090686

日英対訳

# 英語で話す
# 中東情勢

山久瀬洋二 =著

IBCパブリッシング

装幀：岩目地英樹（コムデザイン）
翻訳・編集協力：CHK English Proficiency Test Grading Center
　　　　　　　　Ed Jacob
　　　　　　　　株式会社オフィス LEPS

# 中東情勢を理解するために

　元々同じ地域に住んで、羊を飼い、麦を育ててパンをつくっていた人々が、今激しい憎悪の連鎖によって引き裂かれ、相手に銃を向け、壁をつくって相手を追いやっています。それに対して、家族や家を失った人々やその子供たちは、その憎しみによって、時には自爆テロなどをして罪なき人の命を奪います。そんな報復の連鎖で、さらに人々はお互いを追い詰め、悲劇が繰り返されます。

　しかも、アメリカやロシアなどの大国が、自らの利害も絡めながら、こうした悲劇の連鎖をさらに複雑な国際紛争へとエスカレートさせます。

　それをユダヤ人とパレスチナに住むアラブの人々との、一つの地域の揉め事だと捉えることは不可能なまでに、そこから聞こえてくるあまりにも多くの悲鳴や怨嗟の声が、メディアなどを通して届いてきます。

　2023年10月に、ガザ地区にある反イスラエル組織ハマスが、イスラエル領内に侵入し、人質をとって以来、その揉め事は戦争となり、今イスラエル軍はハマスの殲滅を目指してガザ地区全土を制圧しようと軍事行動を進めています。停戦合意をさせようという調停も、イスラエルが拘束しているパレスチナ人の解放と、ハマスに捕らわれている人質の解放、さらにイスラエル軍の撤退とハマスの存続といった条件に対して、どちらも折り合いません。そして、この戦争に呼応して、アラブ諸国の人々もイスラエルの過剰ともいえる軍事行動に抗議し、その抗議の波は世界に拡散した移民を通して、地球の隅々にまで波及しようとしています。

　いったい、どうしてこのようなことが起きたのでしょうか。

　私たちが国際社会で仕事をしたり、海外で人々とコミュニケーションをした

りするうえで、この問題への知識と理解を深めておくことは必須です。イスラエルやアラブについての情報は、今では必要不可欠な常識となっています。無関心だと表明することは、この地で起きている生死の問題を無視する非人間的な対応だと思われるかもしれません。

　この問題を理解するためには、そもそもこの地域がどのようなルーツをもち、長い年月を経たあと、19世紀から20世紀にヨーロッパの列強がそこにどのように関わってきたのかということを掘り下げてゆく必要があります。さらに、イスラエルとアラブの人々が信仰するユダヤ教とイスラム教とは、いったいどのような宗教なのかを知っておく必要があります。

　私たち日本人は、ともすれば宗教の違いがそこまで人々を追い詰めることに対して実感をもてません。しかし、21世紀になって、人々はより自らの帰属意識にこだわるようになりました。それは、それ以前の100年間の植民地獲得競争や冷戦による威圧に対して人々が抗議をするとき、自らの拠り所が必要になったからかもしれません。今や、過去には考えられないような技術をもって戦争が行われています。それだけに、現代を生きる私たちは、心の支えとしての宗教やナショナリズムに依存しがちなのでしょう。

　ユダヤ人とは人種を指す言葉ではないといわれます。

　ユダヤ人は、ユダヤ教を信奉する人々の集団です。一方、イスラム教は中東でのアラブの人々を中心に、世界宗教として多様な人々を支える宗教になっています。しかも、過去にさかのぼってみても、パレスチナに住むアラブ人とユダヤ人の多くが、宗教の違い以外に全く異なるルーツをもつ人種であるとは思い難いのです。加えて、ユダヤ教とイスラム教は兄弟の宗教です。同じ神を信じ、ユダヤ教徒が崇めるモーゼも、イスラム教の中では預言者の一人であると位置付けられています。不幸なことに、地中海に面した温暖で芳醇な大地で、宗教的にも人種のうえからも同じルーツをもつ人々が、今お互いに憎しみながら、そんな大地を破壊し、血で染めているのです。

本書は、今ガザ地区で起きている出来事を中心に第一部でその歴史的背景を解説した上で、第二部で現在起きていることを日英対訳で紹介しながら、もつれた糸となった中東問題をできるだけわかりやすく、その背景から解説してゆきます。

　日英対訳で紹介する意図は、この話題が世界で仕事をするうえで絶対に知っておきたい、そして英語でも語り語られることのある人類全体の課題であるからです。

　多くの日本人は、英語をつかいながら、世界の人々と世界各地で起きている話題を共有し、会話をすることが苦手です。極東の豊かな島国で生活していれば、こうした他の地域での問題は、ともすれば無縁のものとして見落としがちなのです。

　しかし、ここで紹介する人類の課題は、例えば、アジアで起きているミャンマーでの紛争や、北朝鮮から逃れてくる難民の問題などと同じ、一歩海外に出れば誰もが触れる人類共通の問題なのです。もちろんロシアによるウクライナへの侵攻とそこで起きている殺戮の実態も忘れてはなりません。

　ですから、そうした人類の課題について、海外の人と話す時に活用できるよう、英文を添えた文章にしました。

　言い換えれば、ここに出てくる翻訳文の表現は、中東問題だけではなく、世界で起きている同様な問題を語るときにも活用できるはずです。

　本書で使用されている単語や表現を通して、人類の負の遺産を一刻も早く解決するために私たちにできることを、海外の人と語り合っていただければ幸いです。

山久瀬 洋二

# 目次

# そもそも 中東 とは？

## Where Is the Middle East?

黒海
Black Sea

トルコ
Turkey

キプロス
Cyprus

地中海
Mediterranean Sea

シリア
Syria

レバノン
Lebanon

パレスチナ
Palestine

イスラエル
Israel

ヨルダン
Jordan

エジプト
Egypt

紅海
Red Sea

　ヨーロッパ（主にイギリス）から見て近辺にあるアジア・アフリカの地域を指す、地政学・国際関係学上での地理区分です。この地域は大陸同士をつなぐ交通や物流の要所であるだけでなく、歴史的にさまざまな宗教や国家、民族が盛衰してきた場所でもあり、その成り立ちは多元的・複合的です。

　かつてこの地域に栄えたオスマン帝国の崩壊を背景に、また第一次世界大戦を通して動力エネルギー源としての石油の価値が高まったのを機に、イギリス・フランス・アメリカなどが石油の利権を争ってきた地域でもあります。日本も原油輸入の9割以上を中東諸国に依存しており、この地域の情勢は私たちの生活にも直結している問題なのです。

カスピ海
*Caspian Sea*

アフガニスタン
*Afghanistan*

イラク
*Iraq*

イラン
*Iran*

クウェート
*Kuwait*

ペルシア
湾
*Persian Gulf*

バーレーン
*Bahrain*

カタール
*Qatar*

アラブ首長国連邦
*United Arab Emirates*

サウジアラビア
*Saudi Arabia*

オマーン
*Oman*

アラビア海
*Arabian Sea*

イエメン
*Yemen*

9

# イスラエルとパレスチナとは？
## Where are Israel and Palestine?

　「パレスチナ」は、もともと地中海東岸の南部にある“地域”を指す名称です。つまり、現在のイスラエルも、もとは「パレスチナ」の一部ということになります。ですが、今日ではパレスチナ人（アラブ人）による独立国家を想定した、「パレスチナ自治区（東エルサレム・ヨルダン川西岸地区・ガザ地区）の総称」として使われています。一方、「イスラエル」は、古代にこの地を治めていた人々を祖先に持つユダヤ人たちが、自らの独立国家として1948年に建国しました。

　この地をめぐる「イスラエル」と「パレスチナ」という二項対立が、宗教・民族の違いや周辺諸国、はたまた大国の利害関係もあいまって複雑化したために、現在まで続く国際問題に発展しているのです。

| | イスラエル　Israel | パレスチナ　Palestine |
|---|---|---|
| 人口 | 約 950 万人（2022 年） | 約 548 万人（2023 年）<br>パレスチナ難民＊約 639 万人（2021 年） |
| 内訳 | ユダヤ人＊74%, アラブ人 21%, その他 5%（2022 年） | アラブ人 |
| 宗教 | ユダヤ教 | イスラム教 |
| 公用語 | 現代ヘブライ語 | アラビア語 |
| | シオニズム（離散したユダヤ人をシオンの丘〔パレスチナ〕に帰還させる運動）をもとにイスラエルを建国 | ユダヤ人離散後にこの地に定住したアラブ人（パレスチナ人）が自らの国家建設を目指す |

＊1950 年制定（1970 年改正）のイスラエル『帰還法』によると、ユダヤ人の定義は「ユダヤ教徒もしくはユダヤ人の母親から生まれたもの」。

＊もともとパレスチナの住民だったが、イスラエルの建国から第一次中東戦争（1948-49）以降、イスラエルによって追い出されたアラブ系の人々。

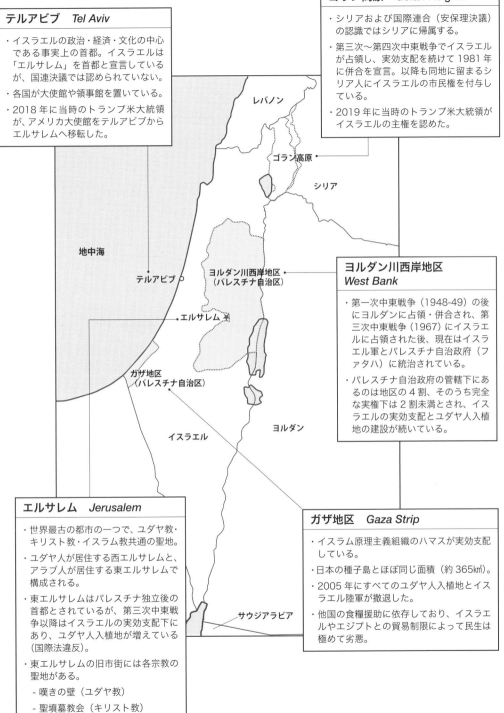

## ゴラン高原　*Golan Heights*

・シリアおよび国際連合（安保理決議）の認識ではシリアに帰属する。

・第三次〜第四次中東戦争でイスラエルが占領し、実効支配を続けて 1981 年に併合を宣言。以降も同地に留まるシリア人にイスラエルの市民権を付与している。

・2019 年に当時のトランプ米大統領がイスラエルの主権を認めた。

## テルアビブ　*Tel Aviv*

・イスラエルの政治・経済・文化の中心である事実上の首都。イスラエルは「エルサレム」を首都と宣言しているが、国連決議では認められていない。

・各国が大使館や領事館を置いている。

・2018 年に当時のトランプ米大統領が、アメリカ大使館をテルアビブからエルサレムへ移転した。

レバノン

ゴラン高原

シリア

地中海

テルアビブ

ヨルダン川西岸地区
（パレスチナ自治区）

エルサレム

ガザ地区
（パレスチナ自治区）

イスラエル

ヨルダン

サウジアラビア

## ヨルダン川西岸地区
*West Bank*

・第一次中東戦争（1948-49）の後にヨルダンに占領・併合され、第三次中東戦争（1967）にイスラエルに占領された後、現在はイスラエル軍とパレスチナ自治政府（ファタハ）に統治されている。

・パレスチナ自治政府の管轄下にあるのは地区の 4 割、そのうち完全な実権下は 2 割未満とされ、イスラエルの実効支配とユダヤ人入植地の建設が続いている。

## エルサレム　*Jerusalem*

・世界最古の都市の一つで、ユダヤ教・キリスト教・イスラム教共通の聖地。

・ユダヤ人が居住する西エルサレムと、アラブ人が居住する東エルサレムで構成される。

・東エルサレムはパレスチナ独立後の首都とされているが、第三次中東戦争以降はイスラエルの実効支配下にあり、ユダヤ人入植地が増えている（国際法違反）。

・東エルサレムの旧市街には各宗教の聖地がある。
　- 嘆きの壁（ユダヤ教）
　- 聖墳墓教会（キリスト教）
　- 岩のドーム（イスラム教）

## ガザ地区　*Gaza Strip*

・イスラム原理主義組織のハマスが実効支配している。

・日本の種子島とほぼ同じ面積（約 365㎢）。

・2005 年にすべてのユダヤ人入植地とイスラエル陸軍が撤退した。

・他国の食糧援助に依存しており、イスラエルやエジプトとの貿易制限によって民生は極めて劣悪。

## パレスチナ略史

| | | |
|---|---|---|
| イスラエル王国とユダヤ教 | 前1500頃 | ヘブライ人がカナン（現パレスチナの一部）に定住 |
| | 前1230頃 | モーゼによる「出エジプト」，「十戒」を授かる |
| | 前1000頃 | イスラエル王国（ヘブライ王国）のダヴィデ王がエルサレムに都を建設 |
| | 前960頃 | ソロモン王がエルサレムに第一神殿を建設 |
| | 前922頃 | 北のイスラエル王国と南のユダ王国に分裂 |
| | 前586 | ユダ王国が新バビロニアに滅ぼされる→多くの人民が捕虜となる（バビロン捕囚）<br>→ユダ王国の遺民＝「ユダヤ人」と呼ばれる |
| | 前538 | アケメネス朝ペルシアのキュロス2世によって解放されエルサレムに帰還<br>→ユダヤ教の教義が確立される |
| ローマ帝国とキリスト教 | 前63 | ローマ帝国領のユダヤ属州となる |
| | 30頃 | イエスが磔刑に処される→イエスの復活が信仰されてキリスト教が生まれる |
| | 66 | 対ローマ帝国の反乱（第一次ユダヤ戦争）に失敗 |
| | 132 | 対ローマ帝国の反乱（第二次ユダヤ戦争）に失敗<br>ローマ帝国のハドリアヌス帝によるユダヤ根絶政策<br>→属州の名を「シリア・パレスチナ」とする<br>⇒ユダヤ人のディアスポラ（離散）が本格化する |
| | 313 | ミラノ勅令によってローマ帝国がキリスト教を公認する |
| | 325頃 | エルサレムに聖墳墓教会が建てられる |
| | 392 | キリスト教がローマ帝国の国教となる |
| イスラム教のおこりとアラブ化 | 610頃 | ムハンマドがアラビア半島でイスラム教を創始する |
| | 638 | イスラム軍の征服でエルサレムがイスラム教の支配下に入る<br>→エルサレムはユダヤ教・キリスト教・イスラム教の聖地として存続する |
| | 1096<br>～1270 | イスラム教支配からの聖地エルサレムの奪回を目指す十字軍が派遣される |
| | | ヨーロッパのキリスト教社会でユダヤ人は常に迫害される<br>土地の所有（農業）や商工業も制限され金融業へ<br>→「高利貸し」の代名詞となって迫害が強まる |
| | 1517 | エルサレムがオスマン帝国（イスラム教）の支配下に入る |
| | | パレスチナはアラブ人の居住地となる |
| シオニズム運動とイスラエル建国 | 1894 | フランスでドレフュス事件（ユダヤ系軍人へのスパイ容疑事件）が起こる |
| | 1897 | スイスで第一回シオニスト会議が開かれる<br>→シオニズム運動が高まりユダヤ人のパレスチナ移住が増加 |
| | 1914 | 第一次世界大戦（英仏露を中心とする連合国 vs 独墺＋オスマン帝国） |
| | 1915 | フサイン＝マクマホン協定（英国がアラブ人に独立国家を承認する） |
| | 1916 | サイクス・ピコ協定（英仏露が中東を分割支配しようとする密約） |
| | 1917 | バルフォア宣言（英国がユダヤ人に国家建設を承認する） |
| | 1920 | セーヴル条約（第一次世界大戦で敗戦国となったオスマン帝国との講和条約）が締結される |
| | 1922 | パレスチナがイギリス委任統治領となる |
| | 1933<br>～45 | ナチス＝ドイツによるホロコースト<br>→ユダヤ人のパレスチナ帰還と国家建設への後押しが高まる |
| | 1947 | パレスチナ分割決議が国連で採択される |
| | 1948 | イスラエル建国宣言→第一次中東戦争へ |

# 第1部

## イスラエルのガザ侵攻の背景とは

### 3000年にわたる宗教戦争、
### そして経済戦争

## 中東情勢を複雑にしたもの

　中東情勢は極めて複雑です。しかし、中東情勢で我々が意識しなければならないのは、人類の未来のためにも避けて通れない重要な課題だということです。

　これは決して遥か遠くの外国の話ではないのです。

　なぜなら、20世紀になって中東が世界でも最も大切な**産油国**の集まる地域として注目され、この地域の安定が現在の経済の趨勢にとっても必要不可欠だからです。さらに、1869年にスエズ運河が開通して以来、中東はヨーロッパと他の世界を結ぶ交通物流の要の役割をも担ってきているのです。

　しかし、意識するべきなのはこうした経済的な理由だけではありません。

　最も大切なことは、この地域で世界に最も影響を与えてきた宗教が生まれ、育まれたことです。現在のパレスチナの混乱の原因となった宗教の問題を知るために、3000年にわたるパレスチナに住む人々の変遷について触れてみたいと思います。

　その宗教は唯一の神から生まれました。

　ユダヤ教徒はその神のことをヤハウェ（ヤーヴェ）と呼び、イスラム教徒はアラビア語でアッラーと呼びました。そして、ユダヤ教の教えを改革しようとして、十字架にかけられたイエスの復活が信じられたとき、後に世界最大の宗教となるキリスト教が誕生しました。

　現在、イスラム教は21億人近く、ユダヤ教は1500万人、そしてキリスト教は24億以上の人々に信仰されています。これらすべての人々の知識の根幹にあるのが、『旧

▶世界の産油国ランキング
（日量、2022年）
1 アメリカ 1,777万バレル
（世界シェア18.9%）
2 **サウジアラビア** 1,214万
バレル（同12.9%）
3 ロシア 1,120万バレル
（同11.9%）
4 カナダ 558万バレル（同
5.9%）
5 **イラク** 452万バレル（同
4.8%）
6 中国 411万バレル（同4.4
%）
7 **アラブ首長国連邦（UAE）**
402万バレル（同4.3%）
8 **イラン** 382万バレル（同
4.1%）
9 ブラジル 311万バレル
（同3.3%）
10 **クウェート** 303万バレ
ル（同3.2%）
（出典：JETRO 日本貿易振
興機構）
▶日本の原油輸入元（石油
統計、2022年）
1 サウジアラビア 6,037万
kℓ（38.1%）
2 アラブ首長国連邦（UAE）
6,020万kℓ（37.9%）
3 クウェート 1,282万kℓ
（8.1%）
4 カタール 1,158万kℓ（7.3%）
（出典：経済産業省）

| | ユダヤ教<br>Judaism | キリスト教<br>Christianity | イスラム教<br>Islam |
|---|---|---|---|
| 神<br>God | ヤハウェ（一神教）<br>Yahweh (monotheism) | 父なる神＝子なるイエス＝聖霊（三位一体）<br>God the Father = Jesus the Son of God = the Holy Spirit (Trinity) | アッラー（一神教）<br>Allah (monotheism) |
| 開祖<br>Founder | モーゼ<br>Moses | イエス<br>Jesus | ムハンマド<br>Muhammad |
| 聖典<br>Scriptures | 『旧約聖書』<br>Old Testament | 『旧約聖書』<br>Old Testament<br>『新約聖書』<br>New Testament | 『コーラン』<br>Quran |

約聖書』の世界です。特に、**モーゼ**はこれら3つの宗教にとって重要な預言者です。

## すべてはモーゼから始まった

　事の起こりは、ヘブライ人（ユダヤ人）がエジプトから逃れ、現在のイスラエルとその周辺の地域に居住したという伝説に始まりました。

　モーゼがエジプトのファラオ（王）から奴隷となっていたヘブライ人を救い出したという約3200年前の話にすべては始まります。これは旧約聖書の『出エジプト記』に語られている有名な物語です。そして、モーゼが人々に崇拝するように定めた神の名前がヤハウェ（ヤーヴェ）でした。この世に存在する唯一絶対の神として、彼は自らが率いてきた人々に神から授けられた10の戒律を守るように指導します。有名な「**十戒**」のことです。

「十戒」が書かれた石板を抱えるモーゼ

15

ヤハウェを信じる人々は、モーゼと共にあったことで、自分たちは神に選ばれて救われた民族だと信じるようになりました。ヘブライ人はその後、現在のパレスチナを中心にイスラエル王国（ヘブライ王国）をつくりました。紀元前1021年ごろのことでした。その後、王国は北のイスラエル王国と南のユダ王国に分裂し、南は新バビロニア王国によって滅ぼされ、その住民の多くは新バビロニアの捕虜となりました。彼らはユダ王国の遺民＝ユダヤ人と呼ばれるようになります。紀元前586年から約50年にわたるできごとだったといわれています。

　ユダヤ系の人々にとっては、この「バビロン捕囚」というできごとは国家を失った彼らの受難の象徴として、その後も長く語り継がれました。捕虜となったユダヤ人を解放したのは、その後この地域を治めたアケメネス朝ペルシアでした。この帝国は現在のイランの母体となった大国です。

イエスの磔刑

16

その後、ユダヤ人はエルサレムに戻り、神殿を建てて自らの信仰を守ります。この頃にはユダヤ教の教義も確立されました。しかし、以来自らの国を持つことはできなかったのです。この地にさらに強大な国家、ローマ帝国が西からやってきて支配を始めたからです。

そんなユダヤ人も自らの信仰を守ることは許され、エルサレムの神殿での礼拝も許されていました。先に述べたような、神に選ばれた自分たちだけが救われる(選民思想)というユダヤ教に対して、信仰を万民にと唱えて改革を求めたのがイエスでした。彼がユダヤの戒律を乱すものとして、そしてローマの秩序を損なう者として十字架にかけられたのが、紀元後30年ごろだといわれています。

それから400年近くの年月が経ちました。その頃、ローマ帝国内にはキリスト教が広がり、ついに392年にキリスト教はローマ帝国の国教となったのです。以来、2000年の長きにわたって、キリスト教は欧米から世界へと広がりました。


## イスラム教はキリスト教の兄弟だった

一方で、7世紀にアッラーを唯一の神として信仰する宗教活動がアラビア半島でおこりました。

その中心となったのが預言者であるムハンマドです。彼とその信者は神に従順であることを意味する「イスラム」という言葉のもと、イスラム教を広げました。その信徒のことをムスリムと呼びます。

アッラーとヤハウェが同じ神であれば、当然イスラム教と、ユダヤ教を元に生まれたキリスト教とは、兄弟の宗

教ということになります。実際、イスラム教でもモーゼやキリストは預言者の一人ということになっています。

イスラム教の成立当時、すでにヨーロッパ世界ではキリスト教がヨーロッパ全土に広がっていました。したがって、その信仰の権威の中心として、ローマ帝国の伝統をひくローマ・カトリックからみれば、ムハンマドの信仰は異端となります。

しかし、イスラム教徒は中東各地に拡散し、ついにイスラム帝国という大帝国に発展します。ムハンマドの子孫と信者は、その後北アフリカからスペインにまで領土を拡大し、ローマ教皇を脅かしたのでした。


以後、長い年月をかけた両者の争いがヨーロッパ世界と中東との間で繰り広げられます。双方の聖地とされる**エルサレム**を巡って攻防が続き、ローマ教皇は何度も十字軍を結成してイスラム世界に挑みました。

さらに、ローマ・カトリックの中では、ユダヤ教徒も異教徒として、しばしば迫害の対象となったのです。ユダヤ教徒は自ら神に選ばれた人々として、信仰心を強く持ち、流浪の民としてヨーロッパ各地に移住します。彼らは迫害への備えから常に価値あるものを身につけます。そのことが、ユダヤ人が宝石商や金融商として活動する原点となったのです。

ちなみに、ユダヤ人とは人種のことではなく、「ユダヤ教を信奉する人」を指すものだという主張があることを、ここで記しておきます。その後、ユダヤ教を信仰する人々はヨーロッパや中東だけではなく、広くアジアやアフリカ、さらには南米にも拡散していったのです。

## 3つの宗教の聖地 エルサレム
## Jerusalem, the holy city of the three religions

　エルサレムの旧市街は0.9平方キロメートル（東京ディズニーランドと東京ディズニーシーを合わせた大きさとほぼ同じ）で、城壁に囲まれた中に3つの宗教の聖地が共存しています。1981年には「エルサレム旧市街とその城壁群」として世界文化遺産に登録されました。

エルサレム旧市街
Old City of Jerusalem

イスラム教徒地区
神殿の丘
キリスト教徒地区
聖墳墓教会
岩のドーム
嘆きの壁→
アルメニア人
地区
ユダヤ教徒
地区
ロ＝門

　イスラム教ではメッカ・メディナに次ぐ第3の聖地とされ、「岩のドーム」はムハンマド昇天の地に建てられました。かつてこの地にあったイスラエル王国の神殿はローマ軍に破壊され、残った西壁は「嘆きの壁」としてユダヤ教徒が祈りをささげる聖地となっています。さらに、イエスが十字架にかけられたとされる場所に「聖墳墓教会」もあります。

聖墳墓教会
Church of the Holy Sepulchre

岩のドーム（左）と嘆きの壁（右）
Dome of the Rock (left) and Western Wall (right)

　1517年に、ヨーロッパで大きな事件が起こります。

　それまで君臨していたローマ教皇に対して、カトリック教会の権威に依存することなく直接神と個人とを結びつけるべきだという宗教改革が、**マルティン・ルター**によって公然と始まり、ローマ教皇の権威に屈服していた多くの諸侯がそれに従ったのです。

　ルターやカルヴァンなどによって「プロテスタント」と呼ばれる新たなキリスト教の集団が生まれ、ヨーロッ

マルティン・ルター

パは大きく変貌していったのです。プロテスタントの人々はローマ教皇に服従せず、自らが勤勉に働くことで個人として生きていこうとします。

その考え方は、個人が働き、富を築くことをよしとする新たな価値観へとつながります。ヨーロッパでのプロテスタントとカトリックとの戦いのなかで、迫害を受けたプロテスタントの多くは新大陸へと移住します。これが、現在のアメリカ合衆国でプロテスタントの信者が多数派となっていることの原因となります。

一方のカトリック教徒も、中南米、さらには遠くアジアへと布教と交易にいそしみます。大西洋からインド洋を経て自らの影響力を伸ばしていったのです。その原因は、イスラム教徒の王国があまりにも強大で、陸路での信仰の拡大が困難だったからです。

## トルコの盛衰がパレスチナに影を落とした

一方のイスラム教世界は、16世紀になると次第にヨーロッパから駆逐されます。反対に、現在の中東や北アフリカ、さらには中央アジアから東南アジアへと伝搬されたイスラム教は、そのまま現地に根付いていったのです。

イスラム世界には、ローマ帝国から受け継いださまざまな技術や知識がありました。ローマ・カトリックでは信仰の敵ともされた科学的な知識がそこで育まれ、その知恵を活用して航海術を駆使した商業活動が盛んに行われ、信者が拡大していったのです。

特に、そうした信者の中からトルコ系の人々が大帝国を築き上げます。

その最初は、10世紀中ごろから中央アジアを支配した
カラハン朝でした。それを継いだのは、11世紀から14世
紀初頭まで続いたセルジューク朝でした。この王朝こそ
が、十字軍の攻撃の対象となったのです。

しかし、セルジューク朝に代わって大きくなったオス
マン帝国は、東からヨーロッパ世界に侵攻します。そし
て、ローマ帝国が分裂したあと、**コンスタンティノープ
ル**を首都にしていた東ローマ帝国をついに滅ぼし、首都
をイスタンブールと改名したのです。1453年のことでし
た。

オスマン帝国はトルコから南へ地中海世界を統治し、
西は現在の東南ヨーロッパの各地を領土にします。そし
て、ローマ教皇の保護者ともされたハプスブルク家の拠
点であったウィーンも包囲したのです。

こうして、イスラム教徒とヨーロッパ世界との対立は
世紀を超えて現在まで続くことになったのでした。

▶コンスタンティノープル
は330年にローマ皇帝コン
スタンティヌス1世が建設
してから、その後東ローマ
帝国に継承され、1453年に
オスマン帝国に征服される
まで難攻不落を誇るととも
に、その後も東西交易路の
要衝として繁栄を続けた帝
都である。ちなみに、改称
後のイスタンブールは現ト
ルコ共和国の首都ではない
（首都はアンカラ）。

イスタンブールにあるアヤソフィア（ハギア＝ソフィア大聖堂）は、東ローマ帝国時代に建て
られた正教会の大聖堂を起源としており、ビザンツ様式の最高傑作とも評される。オスマン
帝国の支配下に入ると、モスクに改修され、4本のミナレット（光塔）が建てられた。

この壮大な歴史ドラマは、単にロマンを掻き立てるだけのものではありませんでした。それは血で血を洗う凄惨な宗教戦争となり、後年は中東への利権を求めるヨーロッパ世界と、イスラム教の伝統を守ろうとするイスラム世界との憎悪の連鎖へと発展したのです。その行き着く先に、現在のガザをめぐる暴力の連鎖があるわけです。

　その契機は、ヨーロッパで起きた二つの大きな変化に起因しています。一つは、ローマ・カトリックへの懐疑から起こった文芸復興運動、つまりルネサンスによって科学の価値が見直され始めたことです。

　そしてもう一つが、プロテスタントを信仰する人々によって、そうした科学的な発想が個人の商業的な活動へと利用され、産業革命が西ヨーロッパで始まり、ヨーロッパ世界が急激に成長したことでした。

　特に成功したのが、王朝の権威を否定し、市民の活動が活発になったイギリスとフランスでした。

　この二つのライバルは、商業活動を通して世界の富を求めて新大陸、さらにはアジアやアフリカで抗争を繰り広げます。植民地戦争の始まりです。

　19世紀には、イギリスから独立して急激に経済力をつけたアメリカと、長年割拠していた諸国がまとまり、一つの帝国となったドイツが、この植民地戦争に参戦します。これらの国々は時には連携し、時には対立しながら、自国の権益の拡大を目指します。

　その頃になると、ヨーロッパ世界をも震撼させた巨大なオスマン帝国も衰退を見せ始めたのです。巨大な帝国が衰退を始めると各地で民族運動が起こります。ヨーロッパの列強は、そうした民族運動をも巧みに利用し、植

民地を拡大したのです。ここに、現在の中東問題への導火線がひかれることになります。

## 状況を複雑にするイスラム教の宗派対立

　ここで、再びイスラム世界について語るべきことがあります。

　それはイスラム世界の中で、ムハンマドの養子で「カリフ」と呼ばれる指導者であったアリーが暗殺された事件です。ムハンマドの死後、その後継者として教えを守るために選ばれた正統カリフは第４代のアリーで途絶えます。661年のことでした。

　その後ムスリムは、アリーとその子孫のみを正統な後継者だとする人々と、新しく創設されたウマイヤ朝という帝国に従う人々とに分裂します。前者が**シーア派**と呼ばれ、今のイランを中心に中東各地に住む人々です。それに対して、後者は**スンニ派**と呼ばれ、現在のイスラム教の最大派閥であり、サウジアラビアを中心に広く世界に拡散しているのです。

　イランは、アケメネス朝ペルシアがあのアレクサンダー大王の遠征で滅亡したあとも、東西文化の交流の拠点として繁栄を続けていました。ただ、その歴史の途上には西から侵攻したイスラム帝国の一部となった時代もありました。さらには、その後モンゴル人によって占領され、小国家や部族国家に分裂したりといった時期もありました。そして、19世紀になると他の中東地域と共に、ヨーロッパの列強が進出してくるなかで、次第に民族国家として近代化への道を歩むようになったのです。

第1部

23

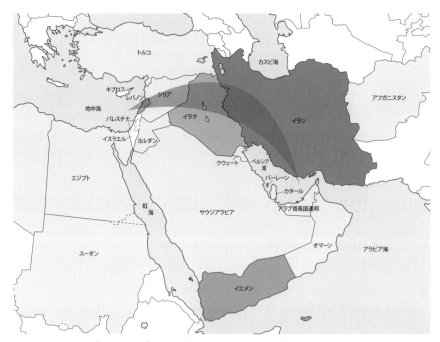

▶イスラム教の宗派は「シーア派」と「スンニ派」の2つに大別される。本図は便宜上、2つの宗派で大まかに色分けしている（赤色が濃い国ほどシーア派住民の割合が多い）が、実際には一つの国の中で地域ごとに異なる宗派の住民がいたり、他の少数宗派やイスラム教ではない宗教の住民も含まれており、その構成は複雑である。なお、イランからレバノンへといたる地域を「シーア派三日月地帯」ともいい、イランの影響力が拡大している。

初代 レザー・シャー・パフラヴィー

イランにしても、オスマン帝国にしても、国の脅威となったのは西欧だけではありません。すぐ北の大国ロシア帝国までもが常に南下の機会をうかがっていたのです。

イランが国内の混乱をおさめ、日本でいえば明治維新のような近代化の時代を迎えたのは、1925年にパフラヴィー朝が国をまとめたときでした。近代化を推し進め、国号もペルシアからイランへと変更し、豊かな資源と初代皇帝の**レザー・シャー**の強い牽引力で、近代国家として西欧からも独立を保つことができたのです。

そんなイランに宗教革命が起こり、パフラヴィー朝の

2代目の皇帝パフラヴィー2世が追放されたのは1979年のことでした。これを契機に、イランはシーア派イスラム教を軸とした宗教国家として、中東において他のスンニ派の国家とも対立するようになったのでした。

第2代 モハンマド・レザー・パフラヴィー

## パレスチナ問題の引き金となったイギリスの政策

　中東、特にオスマン帝国の旧領でもある中東西部を人々はパレスチナと呼びます。この地域の情勢を語るとき、我々はともすれば中東にある国家の名前だけに注目します。しかし、実際には中東のイスラム社会はさまざまな部族に分断されていました。アラブという統一した国家意識はあまりなく、オスマン帝国が衰亡するなかで、この地域に特に影響力をもちつつあったイギリスは、ドイツやロシアの進出を牽制するためにも、こうした部族の利権をたくみに利用し、アラブ社会を操ったのです。

　第一次世界大戦が始まると、オスマン帝国はドイツやオーストリア＝ハンガリー帝国と同盟してイギリスやフランス、そしてロシアと戦います。その過程でロシアは革命が起きたため戦争から離脱し、フランスはドイツとの戦争で疲弊します。

　そうした過程を通してパレスチナを中心とした中東の多くは、すでにエジプトを傘下におさめていたイギリスの覇権のなかに組み込まれてゆきます。

　特に、地中海に面した中東一帯は、イギリスによってオスマン帝国から分断されます。そして、現地の戦争協

▶シオニズム：1894年にフランスで起きたドレフュス事件（ユダヤ人の仏陸軍大尉ドレフュスが冤罪を被った事件）を取材していたユダヤ人ジャーナリストのテオドール・ヘルツルは、ユダヤ人国家建設を掲げるシオニズムを提唱し、1897年に第一回シオニスト会議を主宰した。現イスラエル国旗はこの会議でシオニズム運動の旗として採択されたもの。

力を得るために、イギリス政府は戦後にはイスラム教徒による独立国家を認めることを約束します。

一方で、長年ヨーロッパで流浪の民となり、時には異教徒としてキリスト教社会の中で迫害を受けてきたユダヤ教徒の人々のなかには、古代に失った自らの土地に戻って国家を建設しようというシオニズム運動が起こります。

ユダヤ系の人々の中には、経済的に成功を収めた有力者も多くいました。しかも歴史的に長く迫害されてきたこともあって、イギリスは彼らに協力することで経済的な協力を取りつけようと、ユダヤ系の人々をイギリスからパレスチナに移住させ、シオニズム運動を承認したのです。

## イギリスによる「三枚舌外交」
British foreign policy on Palestine in the early 20th century

| 1915 | フサイン＝マクマホン協定<br>McMahon-Hussein Correspondence |
|---|---|
|  | オスマン帝国統治下のアラブ人に独立を認める約束。<br>対オスマン帝国戦への協力を求めるため |
| 1916 | サイクス・ピコ協定　Sykes-Picot Agreement |
|  | 英仏露によるオスマン帝国領の分割を定めた秘密協定。<br>パレスチナの国際管理も約束していた |
| 1917 | バルフォア宣言　Balfour Declaration |
|  | パレスチナの地にユダヤ人による独立国家の建設を約束。<br>ユダヤ系金融資本の協力を得るため |

　端的にいえば、イギリスはアラブ系、ユダヤ系の双方にパレスチナでの独立を約束したのです。

　こうして、エルサレムを中心としたパレスチナは、アラブ系の人々とユダヤ系の人々とが共に土地と財産をもつ複雑な地域へと変貌したのでした。

　第一次世界大戦後、中東の旧オスマン帝国領は、イギリスの委任統治の下におかれます。

　敗戦国となったオスマン帝国は1922年に滅亡し、その後発足したトルコ共和国は、現在と同じ版図の中で新たな国として生まれ変わりました。

　以降、入植を続けるユダヤ系の人々と、パレスチナに住むアラブ系の人々との間で土地や財産をめぐる対立が次第に激化していきます。国際社会は、ユダヤ系とアラブ系の人々がそれぞれパレスチナを分割して居住する案を出しますが、両者の対立は収まりません。

## アラブ社会を結束させたイスラエルの建国

　そして、第二次世界大戦が始まりました。

　イギリスはドイツと戦う中で、委任統治下にある現在のイスラエルにあたる地域を守るために、現地に入植したユダヤ人の武装化を認めます。

　さらにドイツで発生したユダヤ人の虐殺を逃れてきた人々も、パレスチナを目指します。

　こうしてユダヤ系の入植者は軍事力を持つ集団へと成長し、パレスチナに住むアラブ系の人々は、ユダヤ系入植者に強い脅威を感じるようになったのです。

戦争が終わると、イギリスは委任統治の維持をあきらめ、発足したばかりの国際連合は**パレスチナをユダヤとアラブ双方に分割する案**を採択します。それを受けて、軍事的な力もあり、組織的な結束力も整ったユダヤ人入植者は、1948年にイスラエルの建国を宣言したのでした。

これに対して、アラブ諸国が反発し、イスラエルとの戦争（**中東戦争**）が始まります。

しかも、近年になって石油が世界のエネルギーの中心となるなかで、代表的な産油国となったアラブの主要諸国は、その影響力をもって国際的にも発言力を強めていったのです。

この戦争は、その後スエズ運河の利権など、さまざまな問題が起こるたびに再発し、1973年まで4回にわたり大規模な戦闘が行われたのです。

この時期に、アラブとイスラエル、そして元々中東で石油などの利権を維持してきた西側諸国とアラブ社会との対立が表面化していったのです。

特に1948年の第一次中東戦争では、イスラエルの中に居住する多くのアラブ系の人々が、ユダヤ人軍事組織によって襲撃を受け、難民となりました。

これがパレスチナ難民と呼ばれる人々で、彼らの多くは家を追われ、財産を失いアラブ系の居住区などに逃れてゆきます。

この悲劇を、パレスチナ難民はナクバ（大破局）と呼び、世代から世代へと語り継がれることになります。第一次中東戦争に勝利したイスラエルは、パレスチナの8割を統治することに成功し、そこに残留したアラブ系の人々は

▶パレスチナ分割決議案は、1947年11月に国連で採択され、パレスチナの56.5％の土地をユダヤ人に、43.5%をアラブ人に与え、エルサレムは国際管理下に置くことを定めた。アメリカの強い主張によって、当時人口で3分の1、所有地で6％にしか過ぎなかったユダヤ人に偏向する内容であったため、アラブ側が猛反発し双方の対立が激化した。

▶1973年の第四次中東戦争では、アラブ石油輸出国機構（OAPEC）が親イスラエル国への石油禁輸、石油の減産、原油価格の引き上げ等を行い、石油危機（オイル＝ショック）が発生した。

イスラエル軍の管理下におかれたのです。

　こうした過程を経て、さらにパレスチナ難民が増えることになります。特に、当時エジプトが占領していたガザ地区には大量のパレスチナ難民が流れ込みました。しかも、1950年には、難民としてイスラエルを離れた人々の土地や財産を没収し、ユダヤ人に供与するという法律がイスラエルで成立し、難民の帰還は事実上不可能になったのです。

## 中東を混沌とさせた冷戦とテロ

　4度にわたる中東戦争が繰り返されるなか、1964年にパレスチナ難民はパレスチナ解放機構（PLO）を結成し、団結してイスラエルに敵対します。PLOの支持母体となったのは、今もヨルダン川西岸で自治政府を運営するファタハという政治団体です。ファタハという名称は、アラビア語のパレスチナ民族解放運動という言葉に由来します。

　折しも、世界はアメリカを中心とする西欧諸国とソ連を中心とした東欧諸国による冷戦の最中でした。

　アメリカがイスラエルを支援するなか、ソ連はアラブ諸国と連携し、中東では冷戦下でベトナムなどと同様に、熱い戦争が繰り返されたのです。

　中東戦争はいずれもイスラエル側が勝利し、その過程でガザ地区やヨルダン川西岸地区、ゴラン高原といった地域もイスラエルの領土となります。

　やがて、アメリカが**イスラエルとエジプトとの和平**を仲介し、双方がそれに合意すると、アラブ社会はアメリ

▶エジプト＝イスラエル平和条約は、1979年にカーター米大統領の仲介で結ばれ、①相互の国家承認、②1967年の第三次中東戦争でイスラエルが占領したシナイ半島の返還、等が規定された。エジプトはアラブ諸国内でイスラエルを初めて正式承認し、当時のサダト大統領は81年にイスラム原理主義者によって暗殺された。

カ寄りの国家と、それに反発する国家とに分断されます。

　アメリカにとっては産油国が集まる中東の安定は、アメリカ主導の世界経済の安定化にも必要不可欠な条件です。以後、アメリカはサウジアラビアやクウェート、さらには湾岸諸国を支援し、革命によってイスラム化が進むイランなどとは対立します。しかも、シーア派が統治するイランと、スンニ派の指導者**サダム・フセイン**の独裁国家となったイラクとの間でも、宗教の対立と石油の権益をめぐり1980年に戦争が起こります。

　そして、8年をかけたイラン・イラク戦争が収束した2年後、イスラム世界の中核となる野心をいだくイラクは、産油国クウェートに侵攻したのです。

サダム・フセイン

　この湾岸戦争によって、一時はイランを牽制するために友好関係にあったアメリカとイラクとの対立も本格化します。すでに多くのアラブ人にとっては、パレスチナ問題は、部族や国家を超えたイスラム教徒への暴虐であるというスローガンであり、象徴となりました。

　もちろん、パレスチナ難民や、イスラエル領内で暮らすパレスチナ人の間には、生活を破壊され、軍の監視下で不当な扱いを受けていることから、イスラエルへの憎悪が拡大します。それがテロという形でイスラエル市民への襲撃につながることも多々発生しました。

　そうしたテロ組織が国際的なネットワークを広げるなかで、2001年にサウジアラビア出身のウサーマ・ビン＝ラーディンによるアメリカ同時多発テロ事件がおこります。その後、テロを支援する国家としてアメリカがアフガニスタンに侵攻し、また、サダム・フセイン政権を崩

壊させたイラク戦争も起こりました。しかし、その後に
イラクでの政権崩壊による空白地域に拡大したイスラム
教スンニ派過激組織ISが、残虐で先鋭的な武力闘争によ
って勢力を拡大したことは記憶に新しいはずです。

## 迷走し、分裂したPLOの悲劇

　一方、PLOはヤセル・アラファト議長に率いられ、パ
レスチナ難民の地位の回復を目指して活動します。

　しかし、イスラエルやイスラエルの同盟国はPLOも
テロ組織として警戒します。特に、1970年代にPLOの
急進派ともいわれた下部組織パレスチナ解放人民戦線
（PFLP）が、旅客機のハイジャックなどの強硬手段でパ
レスチナの解放を要求したことが、PLOがアラブの穏健
派からも敬遠される原因となりました。

　その確執が緩和したのは、イスラエルで穏健派のラビ
ン氏が首相になったときのこ
とでした。1993年に、アラファ
ト議長とラビン首相とがノル
ウェーの仲介で、オスロで会合
をもち、PLOが武装活動を放棄
し、イスラエルもガザ地区とヨ
ルダン川西岸地区でのパレス
チナの暫定自治を認めたこと
で、両者の対立が一挙に緩和し
たのでした。

　しかし、その2年後にラビン
首相が極右のユダヤ人学生に

▶オスロ合意で双方の間で合意された一連の協定には、①イス
ラエルを国家として、PLOをパレスチナ自治政府として相互に承
認する、②イスラエルが占領地から暫定的に撤退し、5年にわた
って自治政府による自治を認める、等の内容が盛り込まれた。写
真は調印後に握手をするイスラエルのラビン首相（左）とPLOの
アラファト議長（右）。中央は仲介したビル・クリントン米大統領。

暗殺されます。そして、PLO内部からも一方的なオスロ合意は妥協だという批判が高まります。

　このとき批判の急先鋒となり、ガザ地区を拠点に活動していたのが、今回イスラエルがガザに侵攻するきっかけをつくったハマスだったのです。2001年にアメリカで同時多発テロ事件が起こると、イスラエルもアラブ系の人々に対して対抗姿勢を鮮明にします。ヨルダン川西岸の自治区にユダヤ人の入植を進め、パレスチナ人の自由な通行を妨げる壁の建設を進めたのもこのころでした。

　PLOも、その後求心力を失ったアラファト議長が2004年に死去し、**アッバース氏**が議長に選出されました。オスロ合意はこうして瓦解の危機を迎えます。

　イスラエルに対する怒りをもって自爆テロなどを行う者、国際テロ組織との連携を進めてヨーロッパなどでテロ活動を行う者もあとを絶ちません。そのため、世界中がイスラム過激派の動きを警戒し、テロへの戦いを進めるという悪循環が繰り返されました。

マフムード・アッバース

　ISが勢力を拡大すると、その殲滅を理由にロシアがシリアと連携して軍事行動を起こします。一方で、イランに支援されたシーア派の軍事組織ヒズボラがレバノン南部からイスラエルを圧迫し、そして武装組織フーシ派がイエメンで活動を進めます。

　当然、ロシアと連携を強めるシリアやイランは、反米国家として欧米との対立軸の中心となりました。特に、イランは国家主義的な色彩を強め、のちにウクライナに侵攻するロシアにも支援されながら核開発を進めました。それは、アメリカやアメリカと友好関係を維持するアラブ諸国にとっての直接の脅威となったのです。

ISは中世のイスラム法にのっとった残虐な行為によって勢力を拡大しましたが、この背景にはパレスチナ問題などを通して、イスラム教徒として自らを見つめ直した欧米に住む一部のイスラム系2世や3世の支援があったことも注目されます。

ISがロシアや欧米の軍事作戦で衰微したあとも、アフガニスタンでは、ウサーマ・ビン＝ラーディンを支援していたタリバンが再び政権を奪還するなど、中東の情勢はその周辺諸国をも巻き込む世界の火薬庫となっていったのです。

当然、この動きはイスラム教の影響を受ける北アフリカ諸国、さらにはインドネシアやフィリピン南部などのアジア諸国にも拡大しています。

## 人類の課題となった中東問題

この混沌のなかで、2023年10月7日に、ハマスがイスラエルでのテロ行為を実行し、その報復と拉致された人質の奪還のために、イスラエルがガザ地区への侵攻を始めたのでした。

今、イスラエルの軍事行動は、単に人質救済のためだけではなく、一般市民を犠牲にした無差別な攻撃であるという批判に晒されています。

この悲惨な暴力行為が、新たな憎悪の連鎖を生むことにならないか危惧されます。イスラエルにも、そしてアラブ側にも、相手への憎悪と、それを支援する国際社会や国連への不信感をもった強硬派がいて、国の中にも分断が生まれているのです。

その昔、パレスチナ一帯はカナンと呼ばれていました。

この地では紀元前2000年より前から、地中海と内陸を結ぶ交通の要所として、さまざまな部族が攻防を繰り返してきました。古代エジプトの領土となり、ヒッタイトと呼ばれる部族と覇権を争ったのもこの地域です。ユダヤ教を信奉する人々と、アラブ系の人々もこの地域にルーツを持つ、同じ土地で共に暮らしてきた人々だったのです。聖書では、そんなカナンのことを「乳と蜜の流れる地」と描写しました。

3000年以上前に、その地にユダヤ人やその他の民族が入植し国家を建てたときから現在まで、地中海に面した風光明媚なパレスチナは、人々の歴史の縺れの象徴として、今や世界で最も複雑で悲哀と憎悪に満ちた土地へと変貌してしまったのです。

中東問題を解決し、イスラエルとパレスチナ難民との融和と共存の方法を模索することは、近未来の人類に課せられた最も重要な課題であり試練なのです。

この背景をもとに、今、まさにガザ地区で起きていることを、次の第2部では日英対訳で解説してみたいと思います。

# 第2部

中東、そして人類への課題を考察する

# 第1話
# 戦争を続ける人類、
# 地球に罰せられる人類

## Article 1
## Humanity Continues to Wage War, and Humanity is
## Punished by the World

At least 260 bodies were found at the music festival site after the Hamas attack, according to the Israeli rescue service. Some attendees were taken hostage, seen in social media videos being seized by their armed captors.

—— CNN

（イスラエルの救助隊によると、ハマスによる攻撃のあと、少なくとも260人の遺体が音楽フェスティバル会場で発見された。参加者の何人かが、武装勢力に人質として連行される模様がSNSなどによって拡散した）

## Considering the universal truth expressed in Hindu scripture

Even if you do not believe in any particular **religion**, I think everyone feels that there is something greater that we do not understand, a force on earth and in the universe that is beyond human comprehension.

Take, for example, the **Hindu religion** of India. Needless to say, Hinduism is a polytheistic religion that many Indian people follow. I would like to turn to the *Bhagavad Gita*, the original scripture of Hinduism.

It teaches the way of life through the conversations of wise men in the world of the gods and is like a bible for Hindus in India, most of whom will encounter it at least once in their lifetimes.

One of the passages goes as follows:

"When a person by his knowledge recognizes the state of oneness existing in diverse objects, and by his wisdom sees the same self in everything, then such a person can be said to have real knowledge."

What is being discussed here may be something **universal** and vast that is beyond our understanding.

## Widespread greed and stupidity are behind the devastation in the world

The world is falling into ruin. With Russia's **invasion** of Ukraine, many lives are being lost, and now a war between the Palestinian **militant group Hamas** and Israel has begun in the Middle East.

## ヒンドゥー教の聖典で語られる普遍的な本質を考える

　特に特定の宗教を信じていないとしても、我々にはわからない何か大きなもの、人知が及ばない力が地球や宇宙の中にあることは誰でも感じているのではないでしょうか。

　例えば、インドの宗教ヒンドゥー教を例にとってみます。ヒンドゥー教はいうまでもなく、インド人の多くが信奉する多神教です。その原典ともいえる『バガヴァッド・ギーター』という聖典に目を向けてみたいのです。

　それは神の世界での賢者の会話を通して人の生き方を説いているもので、ヒンドゥー教徒であるインド人のほとんどが一度は触れる、彼らにとっての聖書のようなものです。

　その中に次のような一説があります。

　「人がその知識により、万物の中に唯一普遍な状態を認め、区別されたものの中に、区別されないものを認めるとき、それを純真的な知識と知れ」(上村勝彦氏訳、岩波文庫より)

　ここで語られていることは、我々にはわからない、普遍的で、何か大きなもののことかもしれません。

▶『バガヴァッド・ギーター』は700行の韻文詩から成るヒンドゥー教の聖典の一つ。インドの二大叙事詩の一つである『マハーバーラタ』の第6巻にその一部として収められている。

## 世界が荒廃する背景に共通する人類の欲深さと愚かさ

　世界が荒廃しています。ウクライナにロシアが侵攻し、多くの命が奪われているときに、今度は中東でパレスチナの武装勢力ハマスとイスラエルとの戦争が始まりました。

▶ハマスは1987年に結成されたパレスチナのスンニ派イスラム原理主義の政治・軍事組織で、現在はガザ地区を実効支配している。武装闘争によるイスラエルの破壊とイスラム国家の樹立を目指しており、イラン・シリア・カタール・イラクなどが支援している。

At the same time, there are reports of coups d'etat and repression of democratic movements all over Africa. Each of these may appear as "distinct things," but behind them lies the common thread of the world's complex interests and power struggles, in other words, human **greed**.

When the United States and the United Kingdom condemn attacks on Israel by Hamas, a muslim group whose members have long been forced to live as **refugees**, many people point out Israel's oppression and discrimination against the Palestinian people over the past 70 years and condemn the United States for supporting Israel.

Of course, China and Iran argue that the situation in the **Middle East** was created by the U.S. Moreover, Russia hopes that the turmoil will force the U.S. to extend arms aid to Israel, slowing aid to Ukraine. Under these circumstances, with China facilitating closer ties between Iran and Saudi Arabia, which are rivals in the Islamic world, the United States, not liking the decline in its presence in Saudi Arabia and the Gulf region, seeks to counter China by promoting closer ties between Saudi Arabia and Israel.

▶ greed → p.48

同時に、アフリカ各地ではあちこちでクーデターや民主化運動への抑圧が報道されています。それぞれは「区別されたもの」のようにみえて、その背景には共通して世界の複雑な利害や権益争い、つまり人の**欲**が絡んでいます。

イスラム教徒で長年**難民**としての地位を余儀なくされてきたハマスによるイスラエルへの攻撃をアメリカやイギリスが非難すれば、多くの人は70年にわたるパレスチナの人々に対するイスラエルの抑圧や差別を指摘し、そんなイスラエルを支えるアメリカを非難します。

もちろん、中国やイランは、こうした**中東**の状況をアメリカが作り出したものだと指摘します。さらにロシアは、この混乱でアメリカがイスラエルにまで武器援助を余儀なくされることで、ウクライナ支援が鈍化することを願っています。そうした中でイスラム圏のライバルともいえるイランとサウジアラビアとの接近を中国がお膳立てすると、アメリカはサウジアラビアや湾岸地域でのプレゼンスの低下を嫌い、対抗しようとサウジアラビアとイスラエルとの接近を促します。

▶2020年以降、マリ、ブルキナファソ、ニジェールなどのアフリカ7か国でクーデターが相次いでいる。そのうちスーダンを除く6か国は旧仏植民地で、石油開発などの経済面でフランスの影響がいまだに残る国々だが、国民は貧困な暮らしを余儀なくされている。

第2部

**関係国の相関図**

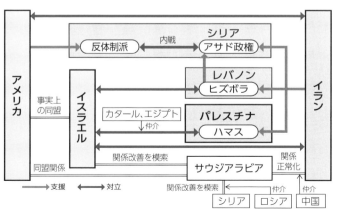

Hamas may have **felt threatened** by such a move and attacked Israel in an attempt to attract support in the Middle East. Iran supports these moves by Hamas by using **Hezbollah**, an armed group in southern Lebanon that is closely associated with Iran, to support attacks on Israel. Furthermore, Russia is using its relationship with Syria, Lebanon's neighbor, as leverage in the increasingly **unstable** Middle East situation to deter the U.S.

Things similar to this are happening not only in the Middle East but also in many parts of Africa, Myanmar, and other places in the world. As a result, people are killing each other, **hatred** breeds hatred, lives and livelihoods are taken away again, and sorrow and tears are overflowing.

On the other hand, people in many countries, such as Japan, which are known as **developed countries**, go about their daily lives **indifferently**, as if the world's suffering were someone else's problem.

Considering what the Bhagavad Gita says about "recognizing the state of oneness existing in diverse objects," which is a universal truth amid the chaos of the world situation, it seems to me that it can **be summed up** in one phrase: "Humans are fools!"

Whether it's Christianity, Islam, or even Buddhism, the concept of God in all religions might actually refer to the Earth itself as part of the universe. If foolish people continue to wage war, and indifferent people continue to pursue pleasure, and as a result the environment continues to be destroyed, the earth will see humankind as a mass of evil, as in the story of Noah's Ark in the Old Testament. As a result, it seems **global warming** will accelerate, leading humanity to destruction as punishment

ハマスはそんな動きに**危機感を覚え**、自らに中東での
世論を引きつけようと、イスラエルに攻撃をしかけたの
かもしれません。イランはそんなハマスの動きをイラン
と関係の深いレバノン南部の武装勢力**ヒズボラ**を使って
後押しし、イスラエルへの攻撃を支援します。さらにロ
シアはレバノンの隣国シリアとの関係を梃子に、ますま
す**不安定**になる中東情勢を利用して、アメリカへの牽制
を強めるのです。

これと似たようなことが、中東だけでなく、アフリカ
各地、さらにはミャンマーなど世界のあちこちで起こっ
ています。その結果、人は殺し合い、**憎しみ**が憎しみを
生み、再び命や生活が奪われ、嘆きや涙が溢れます。

一方で、**先進国**と呼ばれる日本など多くの国の人々は、
そんな世界の苦痛はまったく他人事かというように、**無
関心なまま**に日々の生活を送っています。

バガヴァッド・ギーターのいう「区別されたものの中
に、区別されないものを認める」ということ、つまりこの
世界情勢の混沌の中にある普遍的な真実を考えると、そ
れは「人間はなんと愚かなのか」という一言に**集約され
る**ように思えます。

キリスト教であろうが、イスラム教であろうが、はた
また仏教であろうが、あらゆる宗教がいう神とは、実は
宇宙の一部としての地球そのもののことではないかと思
えます。愚かな人間が戦争を繰り返し、それに無関心な
人々が享楽を追い求め、結果として環境破壊が続けば、旧
約聖書の「ノアの方舟」などの物語のように、地球が人
類を害悪の塊とみなすのではないでしょうか。その結果、
**温暖化**が加速し、洪水や干ばつ、異常気象を通して人類

▶ヒズボラは1982年に結
成されたレバノンのシーア
派イスラム主義の政治・武
装組織。急進的なイスラム
主義を唱え、非イスラム的
影響の排除とイスラエルの
せん滅を掲げており、イラ
ンとシリアの政治支援を受
けている。

第2部

▶「ノアの方舟」は世界の創
造主である神が、地上でく
り返される人間の悪事に嫌
気がして人類を一掃しよ
うと大洪水を起こす『旧約
聖書』の物語。

through floods, droughts, and extreme weather.

Just a few weeks after an unusually hot summer, a winter so cold that we can't live without a sweater comes. If autumn and spring disappear and only **scorching heat** and extreme cold shroud the world, food will be scarce, and people will go to war, killing repeatedly, using religion and political stances as their tools.

## Lives taken by the chaos that the stupidity of humanity brings about

The United Nations is not working. The voices of **well-meaning** people are drowned out by the noise of social division, and many have lost the capacity for empathy and the wisdom to discuss and resolve issues. Like animals on a safari, but with weapons of destruction far greater than those of animals, humanity is **devouring** the earth. Human knowledge is accelerating the destruction.

"Could it be that many of today's world leaders are aliens? If they had human emotions, they wouldn't be able to commit such **slaughter**. Is it possible that humanity is being manipulated by such people and will one day be enslaved?"

A person who **emigrated** to the United States from Iran muttered such words. Although I thought it was impossible, something seems to be afflicting the world right now, and it cannot be laughed off as a joke from a science fiction novel.

Japan is at peace. However, if the world descends further into

を破滅へと導き罰してしまうのではと思うのです。

　ほんの数週間前まで異常に暑かった夏が過ぎると、セーターなしでは暮らせないほど冷たい冬がやってきます。秋と春はこの世から消えて、**灼熱**と極寒だけが世界を覆い、食料が不足すれば、人々はさらに戦争を繰り返し、宗教や政治的スタンスを利用して殺戮を繰り返すのです。

## 人類の愚かさがもたらした混乱によって奪われる命

　国連が機能していません。**善意ある人々の声が社会の分断の音にかき消され、多くの人は心に余裕を失い、語って解決するという知恵も放棄しています。サファリの動物のように、しかし、動物とは比べものにならない破壊力のある武器をもって、人類は地球を**食い荒らしています。人類の知識が破壊を加速させているのです。

　「もしかすると、今の世界の指導者の多くは宇宙人じゃないの？　人間としての感情があれば、あんな**殺戮**はできないでしょ。そんな連中に人類は操られ、いつか奴隷にされてしまうのでは？」

　イランからアメリカに**亡命**してきているある人が、そのようにつぶやいていました。まさかと思いながらも、これをSF小説の戯言として笑い飛ばせない何かが今、世界を苦しめているようです。

　日本は平和です。しかしこの平和も世界がこれ以上混

chaos, maintaining this peace may become difficult.

Many people may **be deprived** of things in their daily lives without knowing why. Vast resources are being consumed, assets destroyed, and lives taken. At the same time, the earth is being damaged.

Humanity, relying solely on monstrous weapons, may find itself controlled by such weapons, and as we now know, tens of thousands of lives have been lost or endangered at the border between Israel and the **Palestinian Authority**.

At the same time that Hamas was causing harm to Israel, an earthquake claimed the lives of more than 1,000 **impoverished** Afghans. The situation has become a synergy of human-made and natural disasters.

While news like this comes in every month from all over the world, people in Japan, who are unaware of such facts, welcome a new day, assuming that tomorrow will be the same as today.

乱すれば、維持することが困難になるかもしれません。

　わけがわからないままに、多くの人が日常の生活を**奪われて**しまうかもしれません。それだけ莫大な物資が燃やされ、資産が破壊され、生命が奪われているのです。それと並行して地球が傷ついているのです。

　モンスターのような武器だけに頼った人類が、逆にそんな武器に操られ、今わかっているだけで、数万人の命が**イスラエルとパレスチナ自治区**との国境で奪われたり、危機に晒されたりしました。

　ハマスがイスラエルに危害を加えたときと同じ時期に、アフガニスタンでも**貧困であえぐ**1,000人以上の命が地震で奪われました。その状況は人災と天災とが相互に作用するものとなっています。

　これらと似たようなニュースが毎月のように世界のあちこちから届いてくるなか、日本ではそんな事実自体も知らない人々が、明日も同じ日が続くものと思い込んで、新しい一日を迎えようとしているのです。

# Key word

## GREED  強欲、欲張り

　必要以上にお金や権益などを求める「利己的で過剰な欲望」を表します。本文ではパレスチナやウクライナで続いている戦争、世界各地で起きているクーデターや抑圧、さらには環境破壊や地球温暖化なども、すべては利益（interest）を求める人の欲が招いたことだと述べています。また、本文で言及されている『バガヴァッド・ギーター』では「執着から欲望が生じ、欲望から怒りが生ずる」とあります。戦争や環境破壊という地球規模の出来事は、人類の欲望と怒りが根源となって起きていると言えるでしょう。地球の怒りを生じさせないためにも、執着にとらわれず行き過ぎた欲望を持たないことが私たちに求められているのかもしれません。

### 事例

Don't let greed for riches control you.
富への欲に支配されてはいけない。

The reason for the price hikes may be supply issues and climate change, rather than corporate greed.
値上げの理由は企業の貪欲さよりも、供給問題や気候変動によるものかもしれない。

He was the victim of his own greed and selfishness.
彼は自分自身の貪欲さと利己主義の犠牲者だった。

### ？ あなたはどう答える？

What events are you most interested in right now? Why is that?
あなたが今最も関心を持っている出来事は何ですか？　それはなぜでしょうか？

> ヒント　本文に出てきたパレスチナやウクライナでの戦争に限らず、日々のニュースや出来事の中から一つトピックを選んで英語で話してみましょう。自分の興味・関心を知ることが第一歩です。

### 覚えておくと便利な単語、表現

☐ **in the ruins of war**　戦争の焼け跡に
☐ **forced to**　《be -》〜することを余儀なくされる
☐ **use ~ as leverage**　〜を手段として使う

# 第2話
# 世界の危機に問われるマスコミの役割

## Article 2
## The Role of the Media in the Global Crisis

Palestinian health ministry: 2,215 people killed and 8,714 wounded in Israeli strikes on Gaza.

—— Al Jazeera

（パレスチナの厚生当局はイスラエルによるガザへの攻撃で2,215名が犠牲になり、8,714名が負傷していると発表）

| Biased reporting on the tragedy in Israel

It is a **principle** of today's international society, which is based on the rule of law, that no matter what the circumstances of the past, if there is some wrongdoing, it will be judged at the time it occurs.

Its actions in the present are exactly what Hamas is being criticized for. No one can allow the **indiscriminate** killing and kidnapping of innocent civilians. It is an **indisputable fact** that Hamas's attacks have resulted in the deaths of 1,200 people, including civilians, on the Israeli side.

However, it is surprising how few **media outlets** objectively point out Israel's actions: CNN, the BBC, and much of the Japanese media spend most of their news time reporting on the tragedy that took place in Israel and the grief of the victims' relatives. **Based on this premise**, they then report on Israel's **retaliation** against Hamas, which has its headquarters in the **Gaza Strip**. In response to these reports, many people have grown suspicious of the Palestinian people themselves. This has become a major misconception.

Hamas's **violations of international law** should be condemned, and it is important to offer condolences to the victims. However, I believe it is the role of the media to report dispassionately on why such a tragedy occurred from both perspectives.

## イスラエルで起きた悲劇を伝える報道に見える偏り

　どのような過去のいきさつがあろうと、やってはいけないことをすれば、それはその時点で裁かれるというのが法治国家によって成り立っている現在の国際社会の原則でしょう。

　ハマスが非難されるのはその一点に尽きるわけです。無実の市民を**無差別**に殺害し、誘拐することを誰も許すことはできません。ハマスの攻撃によってイスラエル側に市民を含めた1200名の犠牲者が出たことは**まぎれもない事実**です。

　しかし、一方でイスラエルの行動に対して、それを客観的に指摘するメディアが少ないことにも驚かされます。CNNもBBCも、また日本のメディアの多くもニュースの時間のほとんどを割いて、イスラエルで起きた悲劇を伝え、犠牲者の親族の悲しみを伝えています。そして、**その前提に立って**、イスラエルが**ガザ地区**に本拠を構えるハマスへの**報復**をしている模様を報道します。こうした報道に接して、多くの人がパレスチナ人そのものへの疑念を募らせます。これは大きな誤解でしょう。

　ハマスの**国際法違反**の行為は非難すべきで、犠牲者に哀悼の意を示すことも大切です。しかし、なぜこうした悲劇が起きたのかを双方の立場に立って、冷静に報道するのがマスコミの役割であると思うのです。

▶ CNN（Cable News Network）は米国のケーブルテレビ・衛星放送向けのニュース専門24時間放送チャンネル。BBC（British Broadcasting Corporation；英国放送協会）はラジオ・テレビを一括運営する英国の公共放送局。

# What Al Jazeera's unbiased interview elicited

Now, I would like to inform you that Al Jazeera, a Middle Eastern television station, **conducted** thorough **interviews** with both Hamas and Israeli officials and reported the situation **fairly**.

Approximately one week after Hamas's attack on October 7, 2023, Al Jazeera conducted separate interviews with leaders of Hamas and Israel on one of their programs.

First up was Usama Hamdan, a high-ranking Hamas official. The reporter **pressed** Hamdan, saying that Hamas's actions against innocent civilians were unacceptable. After that interview ended, he **relentlessly** pressed Ayalon, Israel's former deputy foreign minister, about whether retaliating against Hamas justifies the murder of innocent civilians as well. It is a shame that Al Jazeera seems to be the only media outlet that has been able to ask tough questions about both Hamas and Israel and to tell the story of their **high-profile** conflicts.

Ayalon, the former Israeli deputy foreign minister interviewed by Al Jazeera, insisted that the displaced residents were now well protected as **refugees**. When asked how 1.3 million people whose homes and property had been destroyed and who were fleeing would be able to **evacuate**, Ayalon replied that he was encouraging Egypt and other countries to provide protection for those who would leave the city and follow **designated** evacuation routes first to the desert and then along the coast.

## アルジャジーラの公平なインタビューが引き出したもの

　ここで、あえて中東のテレビ局アルジャジーラがハマス側とイスラエル側の責任者双方にしっかりと**インタビューを行い**、事態を**公平**に伝えていたことについてお知らせしたいと思います。

　2023年10月7日のハマスの攻撃から約一週間後、番組でアルジャジーラは、ハマスとイスラエルの責任者に対して別々にインタビューを行いました。

　最初に登場したのは、ハマスの高官ウサーマ・ハムダーン氏です。ハマスが無実の市民に対して行った行為は容認できないと、記者がウサーマ・ハムダーン氏に**詰め寄ります**。そして、そのインタビューが終わったあとに、ハマスに対して報復することで同様に罪のない市民を殺害することが正当化できるのかと、イスラエルの元外務副大臣のアヤロン氏にも**容赦なく**問いかけたのです。メディアの中で、ハマスとイスラエルの両者に厳しく問いかけ、その**際立った**対立の様子を伝えることができたのがアルジャジーラだけだったように思えるのは、残念なことでした。

　アルジャジーラがインタビューを行ったイスラエルの元外務副大臣アヤロン氏は、避難してきた住人は**難民**としてしっかりと保護するようになっていると主張します。そうは言っても、家も財産も破壊され逃げ惑う130万人の人間がそのままどうやって**避難する**のかと、記者がさらに訊けば、街から離れてまずは砂漠、次に海辺に沿って**指定された**避難路をたどれば、そうした人を保護するようエジプトなどにも働きかけていると答えます。

▶アルジャジーラ（Al Jazeera）はアラビア語と英語でニュース等を24時間放送するカタールの衛星テレビ局。タグラインは、「一つの意見があれば、もう一つの意見がある（the one opinion and the other opinion）」。

ダニー・アヤロン
Danny Ayalon（1955-）

Nevertheless, the people who become refugees are merely ordinary citizens who have managed to survive while enduring Israel's economic oppression in the Gaza Strip. When the reporter asked, based on that premise, "How can we explain that hospitals are turning into graveyards due to Israel stopping the supply of water and electricity to the Gaza Strip?" Mr. Ayalon **dismissed** it, stating that these hospitals were actually sources of funding for Hamas.

Before the reporter directed questions to Ayalon, during the confrontation with Hamas's Hamdan, Hamdan **reiterated** the claim that Israel had, for many years, oppressed Arabs living in Palestine, seizing their homes and lands, and taking the property and lives of countless people. He argued that Israel should take responsibility for its long history of **deprivation** of human rights and freedom.

The reporter promised to also question Israel on this issue and emphasized that unarmed civilians are always the ones who suffer. Furthermore, the reporter highlighted that once again, Palestinians have borne the brunt of **casualties**.

In particular, **vulnerable** groups, such as the sick, elderly, and children, have found themselves in dire circumstances **akin to a death sentence** before Israel's **sweeping operations**. The fact that U.S. Secretary of State Blinken, who was conducting diplomatic efforts to stabilize the situation in the Middle East, did not address the issue of this hospital has drawn widespread criticism.

Again, while there may be some truth to Hamdan's claims, attacks on innocent civilians by Hamas should not be tolerated. With that in mind, the results of the interview by the Al

とはいえ、難民になる人々は、ガザ地区でイスラエルの経済的な抑圧を受けながらなんとか生活している一般の市民に他なりません。その前提に立って、「ではイスラエルがガザ地区への水や電気の供給をストップすることで、病院が墓地に変わっていることはどう説明できるのか」と記者が告げると、その病院は実はハマスの資金源なのだと、アヤロン氏は突っぱねます。

記者がアヤロン氏に質問を向ける前、ハマス側のハムダーン氏に対峙した際に、ハムダーン氏はイスラエルが長年にわたってパレスチナに住むアラブ人の家と土地を奪い、抑圧し、数えきれない人の財産と命を奪ってきたという主張を繰り返し、この人権と自由の剥奪の長い歴史への罪に対して、イスラエルは責任をとるべきだと主張していました。

記者はこの問題については必ずイスラエル側にも問いかけると約束し、そのうえで、この病院の問題も取り上げ、いつでも犠牲になるのは武器を持たない民衆であることを強調したのです。そして、今回もパレスチナ人の方がはるかに多くの犠牲者を出していると繰り返します。

特に病人やお年寄り、子供などの弱者は、まさにイスラエルの掃討作戦の前に死刑宣告を受けたかのような厳しい状況に追い込まれていることは確かで、中東で事態収拾のために外交活動を展開しているアメリカのブリンケン国務長官がこの病院の問題に一切触れないことには多くの非難が集まりました。

改めて、ハムダーン氏の主張には一理あるとしても、ハマスによる罪もない市民への攻撃は許されないはずです。そこを押さえたうえで、アルジャジーラの記者がイ

アントニー・ブリンケン
Antony Blinken (1962-)

Jazeera reporter **highlighted** the sad reality that both sides were blaming each other the same way and justifying their violation of international law by saying, "You killed our citizens, so we will kill you too."

## We should be wary of reports that promote indifference and prejudice

**As it faces** the current situation, Israel has claimed that it is dealing with Hamas and Palestine separately.

In other words, Israel maintained that Hamas, which committed the terrorist acts, was separate from the Palestinians who also reside in Israel, and that Israel had a right to attack Hamas, an organization that had caused harm to Israeli citizens.

CNN also interviewed Israeli rescue workers and said that they had Palestinian friends among their **colleagues**. In other words, Hamas, which had **run amok**, was entirely responsible for this problem.

However, the areas where Hamas operated are the same areas where Palestinian people lived, and it is an undeniable fact that innocent civilians were living there as well. Even in the hospitals that were said to be Hamas's source of funding, ordinary people who **had nothing to do with** such activities were being hospitalized and treated.

The media's failure to actively convey condemnation against indiscriminate attacks on such places is a mystery.

ンタビューによって引き出した結果は、結局「お前らが我々の市民を殺したのだから、俺たちだってお前らを殺すんだ」と、双方が同じように相手を非難し、双方が国際法を冒していることを正当化しているという悲しい現実を浮き彫りにしたことになるのです。

▶ここでいう「国際法」には、国際関係での武力による威嚇あるいは行使を禁ずる「武力行使禁止原則」や他国からの急迫不正の侵害に対する実力行使を認める「自衛権」、交戦時の方法や手段を制限し戦闘行為に参加しない人々の保護を定めた「国際人道法」などが含まれる。

## 無関心と偏見を助長する報道にこそ警鐘を鳴らすべき

今回の事態に直面して、イスラエルはハマスとパレスチナとは分けて対応していると主張しています。

つまりテロ行為を行ったハマスと、イスラエルの中にも居住するパレスチナ人とは別で、あくまでもイスラエル市民に被害を与えたハマスという組織へ攻撃を行うのは当然の権利であるという立場をイスラエルは貫いているのです。

CNNでもイスラエルの救助隊にインタビューをし、彼らの同僚の中にもパレスチナの仲間がいるんだというコメントを伝えていました。つまり、今回の問題は暴走したハマスにすべての責任があるというわけです。

しかし、そのハマスが活動する地域こそ、パレスチナの人々が生活をしている地域に他ならず、そこにも罪のない市民が日々生活をしているのはまぎれもない事実です。ハマスの資金源になっているという病院にも、そんな背景とは関係のない普通の人々が入院し、治療を受けているのです。

そうした場所を無差別に攻撃することへの非難の声を、メディアが積極的に伝えないのは不思議な事実です。

Furthermore, the United States has fully backed Israel, saying that what Israel is doing is a natural act of **self-defense**. In response to this response, large-scale protests have been held in London and New York, as well as in the Middle East, North Africa, and other parts of the world, by both those who support Israel and those who condemn it and support the Palestinian people.

Even as both sides continued to exchange accusations against each other, the war was expanding not only in the Gaza Strip but also in the region centered on Israel.

When Israel warned residents of the Gaza Strip to travel to the south within 24 hours and told them that it would launch an attack, the UN expressed concern about how the 1.3 million residents could move but was unable to take any effective measures.

We should **pay more attention to** these **irreparable** and complex situations that are occurring in the Middle East and around the world. I think the fact that the media, which should be helping us navigate this complex situation, appears to be heavily biased in its reporting is a significant cause for alarm.

▶ biased → p.60

　そして、イスラエルのやっていることは当然の**自衛行為**だとアメリカは全面的にイスラエルをバックアップします。こうした対応に、ロンドンやニューヨーク、さらには中東や北アフリカなど、世界各地でイスラエルを支援する人々と、パレスチナの人々を支援しイスラエルを非難する人々とが大規模な抗議行動を繰り返しています。

　双方が双方への非難の応酬を続ける最中にも、ガザ地区のみならず、イスラエルを中心とした地域での戦火も拡大しています。

　イスラエルがガザ地区の住人に、24時間以内に南部に移動するように警告し、攻撃を始める旨を伝えた際、130万人の住人がどのように移動できるのかと国連は懸念を表明しながら、有効な手段を講じることができませんでした。

　我々はこうした**救いのない複雑な状況**が、中東や世界のあちこちで起きていること**にもっと関心を持つべき**です。そのナビゲーターになるべきマスコミが、今回は極めて**偏った報道**に終始しているように見えるのは、極めて大きな警鐘となるのではないでしょうか。

イスラエルに攻撃中止を求める抗議デモ
Protests demanding that Israel call off the attack

# Key word

## BIASED　見方の偏った

　「独善的で、時には不合理な判断や物の見方、偏見（prejudice）のある様」を表す形容詞です。報道や言論を含む表現の自由は民主主義の基本原則の一つで、権利として保障されています。国家権力を監視することはジャーナリズムの役割であるため、報道の規制は法律ではなく、報道機関や記者たちが自主的に設けた倫理規定に基づきます。世界各国の報道倫理には、情報の真実・正確性、公正な取材、公平な報道、情報源の秘匿、取材対象者の人権の尊重などが共通して挙げられています。しかし、政府や企業、社会からの非難を恐れて、論議を呼びそうな内容（自国の関わる戦争や有力者への批判等）を自主的に規制する「自己検閲」がしばしば課題として指摘されます。

### 事例

She is too biased to write about the case objectively.
彼女は偏見に満ちていて、この件について客観的に書くことができない。

He is biased against the young.
彼は若者に偏見を持っている。

According to the study, that group had the highest rate of biased responses.
調査によると、そのグループは偏った回答をする割合が最も高かった。

### ❓ あなたはどう答える？

What characteristics do you see in the Japanese media?
日本のメディアにはどのような特徴があると思いますか？

> **ヒント**　日本のメディアは比較的、中立・公正な報道だといわれます。その反面、どの媒体も似たような論調である、正面から議論や批判を提起しないなど「当たり障りのない」報道ともいえそうです。海外ニュースの扱いも多くありません。

### 覚えておくと便利な単語、表現

☐ **grow suspicious**　疑念を募らせる
☐ **bring up the issue of**　〔マスコミなどが〕～の問題を取り上げる
☐ **entirely responsible for**　～に対する全責任がある

# 第3話
# イスラエルの過剰攻撃で苦しむ市民を
# みるアメリカの現状

## Article 3
### How the U.S. Currently Sees the Suffering of
### Citizens That Has Been Caused Israel's Overreach

A missile attack on an ambulance convoy has drawn severe criticism, including from the U.N., but Israel says it was transporting Hamas fighters.

—— New York Times

（救急車の車列へのミサイル攻撃を、国連などが厳しく非難するも、イスラエルは彼らはハマスの戦闘員を輸送していたと主張）

# Article 3

## The background of the recent issues in Ukraine and the Middle East

Now we should look at the recent world situation again.

First, the United States is economically and militarily **allied** with Western Europe. Through its **alliance** with Western Europe, the U.S. has tried to leverage the E.U. (of which the U.S. is not a member) and NATO to expand its own economic and military influence. Russia has expressed its alarm at such actions.

Thus, the tension between the U.S. and Russia worsened, and when Russia **invaded** Ukraine, the **conflict** escalated into a real war. Naturally, the U.S. had no choice but to support Ukraine at all costs.

At the same time, the U.S. has traditionally supported Israel in the Middle East. However, Israel is an artificial state, so to speak, founded after World War II by **displacing** the Palestinians living there.

The people who originally immigrated to Israel were **Jews** who had suffered **genocide** in World War II or even before that in various parts of Europe, and many of them have also come to reside in the United States. Because of this, the U.S. has long maintained deep ties with Israel.

This naturally leads to conflicts between the countries of the Middle East and the U.S. In particular, the U.S. has long been **at odds** with countries such as Iran, Syria, and even Iraq, which are strongly opposed to Israel.

Russia has consistently strengthened its alliance with Syria

▶ alliance ➔ p.72

## ウクライナと中東で起きていることの背景を整理すると

　ここであえて今の世界情勢を改めて整理してみましょう。

　まず、アメリカは西ヨーロッパと経済的にも軍事的にも**同盟**しています。西欧との**同盟**を通して、アメリカは自国の経済的、軍事的な影響力を拡大しようとEU（アメリカは加盟していませんが）とNATOにテコ入れをします。すると、そうした行為にロシアが警戒感をあらわにします。

　こうしてアメリカとロシアとの緊張が高まり、ロシアがウクライナに**侵攻**したことで、その**対立**が現実の戦争にまで拡大しました。当然アメリカは全力でウクライナを支援せざるを得なくなります。

　同時に、アメリカは中東においては伝統的にイスラエルを支持しています。しかし、イスラエルは戦後そこに住むパレスチナ人を**追い払って**建国した、いわば人工国家です。

　もともとイスラエルに移住した人々は、第二次世界大戦、あるいはそれ以前からヨーロッパ各地でジェノサイドに遭った**ユダヤ人**で、彼らの多くはアメリカにも居住してきています。そのこともあって、アメリカとイスラエルとは常に深い絆を維持してきました。

　となると当然、中東の国々とアメリカは対立します。特にイスラエルに強く反抗するイランやシリア、さらにはイラクなどの国々とアメリカは長年にわたって**敵対して**きました。

　ロシアは、こうした状況を利用して反米戦略を遂行す

▶EU（欧州連合）は欧州27か国が加盟する国家連合で、域内の単一市場や加盟国間で共通の外交・安全保障政策などで協力する政治・経済統合体である。本部はベルギーのブリュッセル。

▶NATO（北大西洋条約機構）は北米2か国と欧州28か国の計30か国が加盟する政府間軍事同盟。本部はベルギーのブリュッセル。日本は「グローバル・パートナー国」として協力関係を構築している。

▶ジェノサイド（genocide）は特定の国民的、民族・人種的、宗教的な集団全体、もしくはその一部を意図的に破壊する目的で行われる集団殺害、およびそれに準ずる行為。ナチスによるホロコースト（the Holocaust）を説明する用語として1944年に造られた。

and Iran to take advantage of this situation and carry out its anti-American strategy. Therefore, when Russia invaded Ukraine, Iran spared no effort to provide support to Russia, such as by providing drones.

Now, let us look at China. In China, a **one-party state** ruled by the Communist Party was created in 1949. The U.S., traditionally **anti-communist** in its national policy, defended Chiang Kai-shek, who was driven out by the Communists and took refuge in Taiwan.

America's conflicts with Russia and China, as well as its close relationship with Israel, have continued for 70 years since the end of World War II, except for a brief intermission after the end of the Cold War. Therefore, if an anti-American state is born in the Middle East or Africa, Russia and China will approach it and **seek collaboration**.

Because the militant group Hamas killed innocent civilians and took hostages in Israeli territory in an explosion of long-accumulated discontent among the Palestinian people, the United States naturally showed its sympathy and strong support for Israel.

Backed by this support, Israel launched an attack on the Gaza Strip in an attempt to finally resolve the **pending** Palestinian issue. Meanwhile, Iran, **on behalf of** Russia, which has its hands full with the invasion of Ukraine, has been using its ally, Hezbollah, to put pressure on Israel from the north.

るためにも、一貫としてシリアやイランとの同盟を強化してきたのです。ですから、ウクライナにロシアが侵攻したときもイランはドローンをロシアに提供するなど支援を惜しみませんでした。

　さて、次に中国です。中国には1949年に共産党による**一党支配**の国家が生まれました。伝統的に**反共**を国是とするアメリカは、共産党に追われ台湾に避難した蒋介石を擁護しました。

　中国・ロシアとアメリカとの対立、そしてアメリカとイスラエルとの蜜月関係は、冷戦が終結した短い休息期間を除けば、戦後70年にわたって続いてきたわけです。ですから、中東やアフリカに反米国家が生まれれば、ロシアも中国もそこに近づき**連携を模索します**。

　今回、パレスチナの人々の長きにわたって蓄積していた不満が爆発する形で、過激派組織ハマスがイスラエル領内で無実の市民を殺害し、人質をとったのですから、当然アメリカはイスラエルに同情し支持を強く打ち出したわけです。
　この支持をバックにイスラエルは**懸案**のパレスチナ問題を最終的に解決しようと、ガザ地区への攻撃を始めました。一方、ウクライナ侵攻で手一杯のロシア**に代わり**、イランは同盟している軍事組織ヒズボラを使って北からイスラエルに圧力をかけるのです。

▶蒋介石（1887-1975）は中国国民党の指導者で、初代中華民国総統。第二次世界大戦中の国民政府最高指導者であったが、戦後の国共内戦で毛沢東率いる中国共産党に敗れ、1949年に台湾に退却した。

蒋介石
Chiang Kai-shek（1887-1975）

## In reality, American democracy's failure to condemn authoritarianism shows it is not functioning

Against the backdrop of knowledge commonly accepted by anyone with even a slight understanding of the post-war international situation, an analysis of the recent attack on the Gaza Strip by Israel reveals the sad dilemma that the United States is facing.

The U.S. condemns Russia, Iran, and China as **authoritarian states** that are in conflict with the U.S., and it points fingers at their suppression of **human rights issues** and democratic movements. However, the United States turns a blind eye to Israel, which uses the pretext of its own citizens falling victim to terrorism **in an attempt to** demonstrate its right to survival, causing harm to Palestinians. This has exposed the fact that politics is not working for the ideals of **democracy**.

Recently, there has been a clear shift in world opinion regarding the alliance between Israel and the United States. Instead of Israel stepping on the brakes, it has been accelerating its attacks on Palestine and **losing control** of the situation. The **thesis** of the message that the United States has always presented to the world, that terrorism must be eradicated and that freedom and human rights must be defended, is **fading away**.

There are also questions about **coverage** by Western media outlets, such as CNN and the BBC.

For example, when Hamas invaded Israel, killed people, and took hostages, the Western media reported in detail the grief of the families and repeatedly interviewed the hostages' families. However, the Israeli bombing of the Gaza Strip was shown only

## 権威主義を指弾するアメリカの民主主義が
## 機能しない現実

　少しでも戦後の国際情勢への知識がある人なら常識ともいえるこの構図を背景に、今回のガザ地区へのイスラエルの攻撃を分析すれば、そこにアメリカのおかれている悲しいジレンマがみえてきます。

　ロシアやイラン、そして中国というアメリカと対立する国家をアメリカは**権威主義国家**として非難し、そこでの**人権問題**や民主化運動への弾圧を指弾します。しかし、そんなアメリカが、イスラエルが自らの市民がテロの犠牲になったことを口実に、パレスチナ人に危害を加え、自らの生存権を誇示**しよう**と、ガザ地区で罪もない病人や子供まで殺害している様子を黙認しているわけです。政治が**民主主義**という理想のために機能していないことを白日の下に晒したのです。

　最近、イスラエルとアメリカとの同盟に対して、世界の世論に明らかな変化が生まれています。イスラエルがブレーキを踏むどころか、パレスチナへの攻撃を加速させ、**制御がきかなくなっている**なかで、アメリカが常に**テーゼ**として世界に示してきたテロの撲滅、自由と人権の擁護というメッセージが、**色褪せ**つつあるのです。

　CNNやBBCといった西側のマスコミによる**報道**にも疑問があります。

　例えば、イスラエルにハマスが侵攻し人々を殺害し、人質をとったとき、西側のマスコミはその家族の悲しみを詳しく報道し、人質をとられた家族へのインタビューなどを繰り返し報道しました。しかし、イスラエルがガザ

▶ 民主主義（democracy）は人民・民衆が国または地域の権力を所有し、それを自ら行使する政治思想または政治体制のこと。対義語は「権威主義（Authoritarianism）」で、権力を元首または政治組織が独占して統治を行う政治思想または政治体制のことを指す。これがさらに極端になると「全体主義（Totalitarianism）」として、個人の権利や思想は国家の利害と一致するように統制される。

from a distance, and there were not many interviews with the families of those buried under the **rubble**.


Therein lay the bias of the Western press. Nevertheless, as accusations spread that Israel's actions went beyond defense, the devastation in the Gaza Strip, as expected, began to make the news.

The turning point was the bombing of a hospital in Gaza. We cannot judge if it was actually an Israeli attack or a mistaken Hamas bombing. But even at that point, Israel alleged that the purpose of the war was to **overthrow** Hamas, not to attack Gaza, and accused Hamas of deplorably using the Palestinian people as human shields. In other words, Israel claimed that Hamas was holding the Palestinians hostage and trying to prevent an Israeli invasion.

If Hamas is to be condemned for holding over 200 people, including Israelis, hostage, the media must also shed light on Israel's involvement of innocent Palestinians. If they did so, Israel's stance would become clear: it is willing to proceed with attacks on Gaza even if Palestinians are being used as shields, while it simultaneously **garners sympathy** for the 200-plus hostages who are also victims.


Israel is making it seem as if the Palestinians are completely responsible for the situation. It is extremely regrettable that few media outlets harshly **denounced** this Israeli distortion of logic. Japanese media outlets were even worse. They did not report the Israeli **straw-man argument**, and moreover, there were very few

地区を爆撃している様子は、遠目に見た爆撃の様子のみ
で、その瓦礫の下に埋もれる人々の家族へのインタビュ
ーは多くみられませんでした。

　西側の報道のバイアスがそこにあります。とはいえ、
イスラエルの行為が過剰防衛だという非難が広がるにつ
れ、さすがにガザ地区の惨状もニュースになり始めまし
た。
　転機となったのが、ガザの病院の爆破事件でした。真
相はイスラエルが攻撃したのか、ハマスの誤爆によるの
か判断が分かれます。しかし、この段階でもイスラエル
は、戦争の目的はハマスの打倒であり、ガザを攻撃する
ことではないと主張し、ハマスがパレスチナ人を盾にし
た卑劣な行為だと非難しました。言葉を変えれば、イス
ラエルはハマスがパレスチナ人を人質にして、イスラエ
ルの侵攻を防ごうとしていると主張していたわけです。
　であれば、ハマスがイスラエル人をはじめ200名以上
の人々を人質にしていることを非難することと同じレベ
ルで、イスラエルが無実のパレスチナ人を巻き添えにし
ていることにもマスコミはスポットを当てなければなり
ません。そうすれば、イスラエルは、パレスチナ人は盾
になっていても構わないのでガザの攻撃を断行し、そう
した人々を殺害していながら、200名以上の人質に対して
は犠牲者として同情を集めようとしていることが視聴者
にも伝わるはずです。

　イスラエルは、まるでパレスチナ側にすべての責任が
あるかのように見せています。このイスラエルのロジッ
クのすり替えを厳しく糾弾するマスコミが少ないのは極
めて残念です。日本のマスコミに至っては、そうしたロ
ジックのすり替えどころか、70年間にわたってパレスチナ

cases where they explained in detail what had been happening in Palestine daily for the past 70 years.

## In a situation where the interests of one's own country take precedence over those of the people living in another region

As public opinion gradually shifts toward condemnation of Israel, there is a growing awareness especially among younger Jewish citizens in the United States that it is wrong to support Israel simply because they are Jewish.

At the same time, there have been cases of school closures due to frequent threats and **acts of violence** against Jewish citizens in the country.

Amid these criticisms from both domestic and international sources, the United States' diplomatic strategy is becoming increasingly stuck in the contradiction between post-war strategies for opposing Russia and China, and its strategy toward Israel in the Middle East. The situation is causing severe headaches for the Biden administration.

It is becoming increasingly apparent that any country that is a **major power** is overly sensitive to its own interests but turns a blind eye to the suffering of citizens that comes from such conflicts. Regardless of whether Japan is a major power or not, in this international situation, I would like to see Japan develop a **hard-headed** diplomatic strategy based on its own judgment and perspective rather than just blindly emphasizing its alliance with the United States.

で日々起きていることがどのようなことなのか、順を追って丁寧に解説しているケースもほとんどありません。

## その地に生きる人々より自国の利益を優先する情勢のなかで

　世論が次第にイスラエルへの非難へと傾くなか、今アメリカではユダヤ系市民の間でも、若年層を中心に、ただユダヤ系であることを理由にイスラエルを支持することは間違っているという意識が拡大しています。

　同時に国内でユダヤ系市民への脅迫や**暴力行為**が頻発することから、学校が休校になるケースも出てきています。

　こうした内外からの指摘の中で、アメリカの外交戦略が、戦後の対ロシア、中国戦略と中東での対イスラエル戦略の矛盾の中で行き詰まりつつあるのです。バイデン政権は激しい頭痛に悩まされていることになります。

ジョー・バイデン
Joe Biden（1942-）

　どの国でも**大国**は自国の利益に過敏に反応しながらも、その対立の結果生まれている市民の苦しみへの治癒には目を伏せている様子があからさまに見えてきます。日本が大国かどうかはさておき、こうした国際情勢のなかで、ただ盲目的にアメリカとの同盟を強調するのではなく、もう少し独自の判断と視点で**冷静な外交戦略**を展開してもらいたいと思うのです。

# Key word

## ALLIANCE 同盟、提携

　「互いに利益を得るための国家や政党・派閥、個人間のつながり」のことで、NATO alliance（NATOの同盟）やU.S.-Japan alliance（日米同盟）などの形でニュースにもよく登場する単語です。また、allyは「〔条約によって国と〕同盟を結ぶ」という意味の動詞と、「〔条約で形成される〕同盟国」を表す名詞です。"the Allies" の形で、第一次・第二次世界大戦時の「連合国」も表します。中東問題に限らず、世界情勢を読み解くためには、各国間の同盟や対立などの関係性と構図を把握することが重要です。

........................................................

### 事例

It is necessary to form a closer alliance between government and industry.
政府と産業界がより緊密な提携を結ぶ必要がある。

The party was allied with the moderates on this issue.
党はこの問題に関して穏健派と手を組んだ。

The United States is Japan's only ally.
アメリカは日本にとって唯一の同盟国だ。

### ❓ あなたはどう答える？

What kind of diplomatic relations does Japan have with other countries?
日本は諸外国とどのような外交関係を結んでいますか？

> **ヒント** ▶ 日本はオーストラリアやインドと安全保障協力に関する共同宣言を表明したり、その他にも自衛隊と当該国との間で食料や燃料を提供し合う「物品役務相互提供協定（ACSA）」を締結したりしています。

### 覚えておくと便利な単語、表現

☐ **have no choice but to** 　〜せざるを得ない
☐ **national policy** 　国是
☐ **take precedence over** 　〜に優先する

# 第4話
## アメリカのユダヤ系住民が抱える
## イスラエルへの複雑な思い

### Article 4
### American Jews' Mixed Feelings about Israel

Netanyahu Sees No Near-Term Role for Palestinian Authority in a Postwar Gaza

—— New York Times

（ネタニヤフは戦後のガザにおけるパレスチナ自治政府の役割は当面ないと考えている）

## Article 4

The conflicts and true feelings of a Jewish-American friend

Here is a comment from a Jewish couple living in the United States.

"We are **stuck** between the game on the chessboard and the real tragedy that is happening."

It was a chilly, late-fall morning in Boston in 2023.

Scott Haas is a typical Boston liberal. I wondered how he viewed his Jewishness. It was a sensitive question that could only be asked by a trusted friend.

"Now, in the U.S., there is an **outcry of condemnation** against Israel for its attacks that could be described as going beyond defense. Many of us Jewish people agree with such accusations," Scott said.

"As you know, there are disagreements not only in the U.S. but also within Israel. I don't like **Netanyahu** and neither does Laura (his wife). But at the same time, the fact that Hamas is saying that they are going to destroy Israel is a matter of our **right to exist**. So I have very mixed feelings. Because if what Israel is doing is genocide, then what Hamas is **thrusting** on us is like a declaration of genocide against us."

This is probably what many Jewish people living in the U.S. today feel. I recall having a similar conversation in Los Angeles with another Jewish friend who is usually **eloquent** and **jovial**, but who awkwardly tried to avoid this topic alone.

## ユダヤ系アメリカ人の友人が抱える葛藤と本音

　ここで、アメリカに住むあるユダヤ人夫婦のコメントを紹介しましょう。

　「我々はチェス盤の上での駆け引きと、実際に起きている悲劇との間で、**行き場を失っているんだよ**」

　それは2023年、晩秋の寒気に覆われたボストンの朝のことでした。

　スコット・ハースはボストンを象徴するようなリベラルな人物です。そんな彼が、自らがユダヤ系であることをどう捉えているのか気になったのです。それは心を通わせた友人だからこそ聞くことができる繊細な質問です。

　「今、アメリカではイスラエルの過剰防衛ともいえる攻撃で、イスラエルへの**非難の声**が上がっているね。我々ユダヤ系の人々の中にもそんな非難に賛同している人は多いんだよ」とスコットは語ります。

　「知っていると思うが、アメリカのみならず、イスラエル国内も意見が割れているんだよ。私もローラ（彼の妻）も**ネタニヤフ**は嫌いだよ。でも、同時にハマスがイスラエルを崩壊させると言っていることは、我々の**生存権**にかかわることだよね。だから、とても複雑な気持ちになる。イスラエルのやっていることがジェノサイドなら、我々にハマスが**突きつけている**ことも我々へのジェノサイド宣言のようなものだから」

　おそらくこれは、今アメリカに住むユダヤ系の人々の多くが感じていることでしょう。ロサンゼルスで同様の会話をしたときに、いつもは**雄弁**で**陽気**に話してくれるユダヤ系の友人が、この話題だけは気まずそうに避けようとしたことを思い出しました。

▶ベンヤミン・ネタニヤフ（1949-）は現イスラエル首相で、イスラエル建国後に生まれた最初の首相であり、通算任期15年は歴代最長。保守派の政党リクードの党首であり、強硬派として知られている。

# Trying to unpack the Palestinian issue historically

I had a similar conversation on the West Coast that led to some interesting comments. Many of the dentists, doctors, real estate agents, and other successful private businesses that people in wealthy neighborhoods in Los Angeles go to are people who **emigrated** to where Israel is today in the 19th and 20th centuries due to the oppression of the **Ottoman Empire**. They have since immigrated to the United States, driven farther by the turmoil in the Middle East.

Armenians are representative of those who have experienced such tragedies. Many of the Armenians living in the United States are now wealthy and politically influential.

"It is not only **Muslims** who have become known as Palestinian refugees that lost their homes and property to the assault of Jewish soldiers at the time of Israel's founding, that is in 1948. Our fathers' generation was also **expelled** from Israel. So we have mixed feelings toward Turkey and Israel. There were many Armenian Christians in Palestine at that time."

This was said by Asir, a man of Armenian descent. It is a good example of how complicated the issues in the Middle East are. Both Scott from Boston and Asir were **well-versed** in history, and they both commented that the problem was the negative legacy of the **colonial policies** of the European powers, especially the U.K., in the 19th century.

"It was not after the war that Jews moved to Palestine; people have been moving there since the 19th century to escape **discrimination** and oppression in Europe and the U.S. Both the

## パレスチナ問題を歴史的に紐解いてみると

　同様な会話を西海岸でしたときに、興味深いコメントをもらうことができました。ロサンゼルスで富裕層の多く住む地域の人々が通っている歯医者や医者、不動産業など、個人事業で成功している人々の多くは、19世紀から20世紀にかけて、**オスマン帝国の抑圧によって現在の**イスラエルがある場所に**移住してきた**人々なのです。彼らはその後さらに中東の混乱に追われるように、アメリカに移住してきました。

　アルメニア人はそんな悲劇を経験した代表的な人々です。アメリカに住むアルメニア系の人々の多くは、今では裕福で、政治的にも影響力があります。

　「イスラエルの建国のとき、つまり1948年にユダヤ系の兵士の暴行によって家や財産を失ったのはパレスチナ難民といわれている**イスラム教徒**だけではないんだよ。我々だって父親の世代がイスラエルから**追い出されていて**ね。だから、トルコに対してもイスラエルに対しても複雑な気持ちを持っている。パレスチナには当時たくさんのアルメニア系のキリスト教徒もいたわけさ」

　こう語ってくれたのは、アシールというアルメニア系の人物です。中東の問題がいかに複雑かということが見えてきます。そして、ボストンに住むスコットもアシールも共に歴史には詳しく、彼らは口を揃えて、この問題は19世紀にヨーロッパの大国、特にイギリスの**植民地政策**が生み出した負の遺産なんだよと語ってくれました。

　「パレスチナにユダヤ人が移住してきたのは戦後のことじゃない。19世紀からヨーロッパやアメリカでの差別や抑圧を逃れるように人々が移住していた。それをイギ

▶多民族・多宗教国家であったオスマン帝国（スンニ派イスラム帝国）において、特に第一次世界大戦時に高まったイスラム教徒のキリスト教徒に対する反感から、同国内のアルメニア人やアッシリア人、ギリシア人などが強制移住・大量虐殺された。

第2部

U.K. and the U.S. encouraged them to do so, and it is impossible for Jews to leave Israel now. Moreover, the British promised the Palestinians at the time that they would be granted **autonomy** if they cooperated with them. This **contradiction** led to conflict between the two sides and a struggle over land and property."

Both men made comments like this, emphasizing that without acknowledging that fact, there can be no meaningful discussion.

"So we were hoping that somehow the Israeli and Palestinian peoples would seek a way to **coexist**. That effort is now about to collapse."

Scott looked serious as he said this.

## What will the ripple effect of U.S. policy toward Israel be?

Supporting Israel also means supporting Netanyahu, which could be a significant error. The question remains: was Biden's support for Israel the right choice?

"Biden didn't have a choice. Just think about this. Even if Japan had a **far-right** prime minister, the U.S. would stand by Japan **as an ally** if China were to attack Japan. It's the same thing. That's the contradiction between the international political arena on the chessboard and a real war."

In fact, I've heard similar comments about Biden having no other options from other Jewish friends.

That said, more and more people have been actually **protesting** such Biden administration policies these days.

▶ contradiction ➔ p.84

リスもアメリカも後押ししてきたわけで、今ユダヤ人に
イスラエルから出ていけといわれても、それは不可能だ
よ。しかもイギリスは当時、自分たちに協力すれば**自治**
を承認するとパレスチナの人々にも約束していた。この
**矛盾**が両者の対立と土地や財産をめぐる争いになったの
だから」

　二人ともこの事実を忘れては何も語れないとコメント
します。

　「だから、なんとかイスラエルとパレスチナの人々との
**共存**の道を探ってもらいたい。その努力が今崩壊しよう
としている」

　スコットは深刻な顔をして、そう言っていました。

▶いわゆる「三枚舌外交」
（→p.26）と呼ばれる第一次
世界大戦時のイギリスの中
東政策。1915年のフサイン
＝マクマホン協定、1916年
のサイクス・ピコ協定、1917
年のバルフォア宣言といず
れも矛盾する内容であった
ことから、アラブ人とユダ
ヤ人の対立を招きパレスチ
ナ問題を引き起こした。

第2部

## アメリカのイスラエル政策はどう波及していくのか

　とはいえ、バイデンがイスラエルを支持したことは、ネ
タニヤフを支持したことになるわけで、それは大きな間
違いじゃないのかという疑問は残るはずです。

　「バイデンには選択肢はなかったよ。だって考えてごら
ん、日本に**極右**の首相が出てきたとしても、アメリカは
もし中国が日本に攻撃をしかけたら、**同盟国として日本**
側に立つだろう。それと同じことだ。これがチェス盤で
の国際政治の舞台と現実の戦争との間の矛盾なんだよ」

　実はバイデンに選択肢はなかったというコメントは他
のユダヤ系の友人からも聞いていました。

　そうは言っても最近、そんなバイデン政権の政策に**抗**
**議**している人が増えているのも事実です。

"So, we have no choice but to protest Netanyahu. The treatment of the Palestinian people is certainly not fair. I understand why Hamas is resorting to terrorism. But when Hamas announces that it is going to **exterminate** the Jewish people, we are very distressed and horrified. It's just like what happened in Germany. There is now a concern about hate crimes against Jews in the United States. And Jewish **conspiracy theories** are rampant."

In fact, there were incidents in the U.S. where schools were closed because of assaults on Jewish people.

"When such incidents occur, Jews get grouped together with Israeli policies, and also with Netanyahu, and they become the object of prejudice. It happens all the time. It's the same way that it's not legitimate to associate Putin with Russians and direct hatred at people of Russian descent living in America, but **when it comes to** Jews in particular, it's as if there's some big conspiracy behind it. This is hard for me."

In fact, many of the most successful people in the United States have roots in or near the Middle East.

Not only Jews, but also Palestinians, Armenians, and countless others of Turkish and Persian (Iranian) descent, to name a few. And as mentioned above, many of them are active in the U.S. as professionals, such as doctors and lawyers.

The chessboard referred to in the comment at the beginning of this article refers to the **clash** of strategies based on ideological

「だから我々はネタニヤフに抗議するしか方法がない。パレスチナの人々への扱いは確かにフェアではない。ハマスがテロに訴える背景も理解できる。でも、イスラエルからユダヤ人を**抹殺する**と表明されると、我々はとても胸が痛むし恐怖を覚えるよ。あのドイツでの出来事のように。現に今アメリカでは、ユダヤ人へのヘイトクライムが懸念されている。ユダヤ人**陰謀論**も横行しているし」

実際にアメリカではユダヤ系の人々への暴行事件などが発生したために、学校が休校するといったことが相次ぎました。

「こうした事件が起こると、イスラエルの政策とユダヤ人、ネタニヤフとユダヤ人が同期され、偏見の対象となる。よくあることだよ。プーチンとロシア人を同期して、アメリカに住むロシア系の人々に憎悪を向けるのが正当ではないのと同じことなのに、ユダヤ人**となると**特に何か裏に大きな陰謀があるかのように思われてしまう。これが辛いんだ」

実際、アメリカで成功している人々の多くが中東やその周辺にルーツを持っています。

ユダヤ系の人々のみならず、実はパレスチナ系、アルメニア系、さらにトルコ系やペルシャ（イラン）系の成功者も無数にいて、そうした事例を挙げればきりがありません。そして前述のように、彼らの多くが医者や弁護士といったプロフェッショナルとしてアメリカで活躍しているのです。

冒頭に引用したコメントでのチェス盤とは、アメリカやEUの強国とロシアや中国といった国々が繰り広げて

▶歴史上の（主に悪い）出来事がユダヤ人の陰謀や策謀のもとに起こったとされる考え方は、宗教的な対立や時代ごとの社会背景に応じてくり返されており、ユダヤ人は常に差別や迫害、大量虐殺の標的とされてきた。

and economic principles in international politics among the powerful nations like the U.S. and the E.U., and countries such as Russia and China.

This chessboard exchange has turned into a real war and people have been killed as a result, and the most obvious manifestation of the confusing situation may be the complex reaction of the various people with roots in the Middle East, including Jews, now living in the United States and Europe.

いる、国際政治でのイデオロギーや経済原理を背景にした戦略の**衝突**を意味しています。

　このチェス盤でのやり取りが現実の戦争となって人々が犠牲になった結果、そのハレーションが最も顕著にあらわれたのが、今アメリカやヨーロッパに住むユダヤ系を含む中東にルーツを持つさまざまな人々の複雑な反応なのではないでしょうか。

# Key word

## CONTRADICTION 矛盾、食い違い

　「二つの物事が真っ向から相反して、つじつまが合わないこと」を指します。本文でも言及されているように、現在まで続くパレスチナ問題の直接の原因は19世紀のヨーロッパ、特にイギリスの第一次世界大戦における外交政策です。パレスチナの地をめぐって、アラブ・フランス・ユダヤのそれぞれに配慮した「三枚舌外交」を展開しました。この三枚舌は、平気で矛盾したことを言う・嘘をつく「二枚舌」という言葉からきており、これは二人に相反することを語って仲違いさせる「両舌」という仏教用語（十悪の一つ）に由来するといわれています。

---

### 事例

What he said yesterday is a direct contradiction of what he said today.
彼が昨日言ったことは、今日彼が言ったことと真っ向から矛盾している。

There have been some contradictions in her statements.
彼女の発言にはいくつかの矛盾がある。

No one was surprised by the defendant's contradiction of the plaintiff's accusations.
原告の告発に対する被告の矛盾には誰も驚かなかった。

### ? あなたはどう答える？

What are some negative legacies in Japan?
日本における負の遺産にはどのようなものがありますか？

> ヒント　第二次世界大戦の悲惨さを物語る広島・原爆ドームや沖縄・ひめゆりの塔、ハンセン病患者への差別の歴史を伝える岡山・長島愛生園、半世紀先の廃炉と風評被害が懸念される福島第一原子力発電所など、何があるか考えてみましょう。

### 覚えておくと便利な単語、表現

- [ ] grant 〔嘆願などを〕承諾する、〔権利などを〕許諾する
- [ ] have no choice (but to) （～する以外に）選択の余地がない
- [ ] resort to 〔最後の手段として〕～に訴える

# 第5話
# 「マイナー・ディテイル」と
# 「Impunity（免責）」

## Article 5
## "Minor Detail" and "Impunity"

In the wake of the Hamas attack, the Frankfurt Book Fair "indefinitely postponed" an appearance by Palestinian author Adania Shibli, who was due to receive a prize for her novel *Minor Detail* on October 20.

—— Al Jazeera

（ハマスのイスラエル攻撃のあと、フランクフルト・ブックフェア当局は、10月20日に予定されていたパレスチナの作家アダニア・シブリの著作『マイナー・ディテイル』の受賞式を無期限に延期すると発表した）

## Article 5

## The meaning of a German book fair postponing an award ceremony for a Palestinian writer

As the **incursion** into Gaza continues, various challenges have been erupting in countries that made it their national policy to maintain friendly relations with Israel. These challenges are also exerting a significant influence on the discourse within those countries. Typical of such issues was an event that **took place** in Germany.

In the fall of 2023, the Palestinian writer Adania Shibli's work entitled *Minor Details* won the Liberatur Prize, a literary award given by the German Litprom organization.

The award ceremony was scheduled to take place on October 20 at the Frankfurt Book Fair, the world's largest annual book fair, which is held in Frankfurt.

However, the award ceremony was **postponed** indefinitely.

Germany has always regretted the genocidal **Holocaust** perpetrated against the Jews in World War II. It **outlawed** Nazi activities after the war and has always expressed to the world its remorse for the Holocaust as well as for its **discrimination** against Jews. In light of the lessons learned from the **war crimes** Germans committed, they have also actively played a key role in uniting the E.U. to prevent similar crimes from ever happening again in Europe.

## ドイツのブックフェアがパレスチナ作家の受賞式を延期した意味

　イスラエルのガザへの**侵攻**が続くなか、イスラエルとの友好的な関係の維持を国是としてきた国の中で、さまざまな課題が噴出しています。それは、それらの国々の言論界にも大きな影響を与えようとしているのです。そんな問題の典型となったのが、ドイツで**起きた**ある出来事でした。

　2023年の秋、パレスチナの作家アダニア・シブリの『マイナー・ディテイル（ささいな出来事の向こうには）』という作品が、ドイツのリトプロムという団体から与えられる文学賞リベラトゥール賞を受賞しました。

　その授賞式がフランクフルトで毎年開催される世界最大の書籍見本市、フランクフルト・ブックフェアで10月20日に行われることになっていました。

　ところが、その授賞式が無期限に**延期された**のです。

　ドイツは第二次世界大戦でユダヤ人に対して行われた虐殺**ホロコースト**を常に悔いてきました。そして、戦後ナチスの活動を**違法化し**、ユダヤ人への**差別**はもとより、ホロコーストへの反省を常に世界に対して表明してきたのです。そして、自らが犯した**戦争犯罪**への教訓から、ヨーロッパで二度と同じようなことが起こらないようにと、EUの結束の要としての役割をも積極的に担ってきました。

▶リベラトゥール賞はドイツで翻訳出版されたアジア・中東・アフリカなどの女性作家の作品に贈られる文学賞。

▶ホロコーストは第二次世界大戦時のナチス・ドイツや占領地で、ユダヤ人などに対して組織的に行われた絶滅政策・大量虐殺。少なくとも600万人以上のユダヤ人および旧ソ連軍捕虜や少数民族の人々も犠牲になった。

Therefore, the German government, out of consideration for Israel, has historically suppressed **gatherings** supporting Hamas, which has engaged in **hostile** actions and terrorist acts against Israel. When Hamas attacked Israel in October and took hostages, Germany was quick to express its support for Israel. As an extension of this, the book fair also postponed the award ceremony for Adania Shibli.

Palestinians living in Germany reacted violently to these developments. The protests **spread throughout** the nation, prompting calls for Adania Shibli, who had remained silent after being notified that the award ceremony would be postponed, to **speak out.**

Her novel, *Minor Detail*, is about the oppression of Palestinians, known as the **Nakba**, at the time of the establishment of the State of Israel in 1948. The story follows a young woman of Palestinian descent who becomes interested in the rape and murder of a Palestinian girl by Israeli soldiers the following year and explores the facts of the case. Despite opposition from the German government and organizations supporting Israel, many Palestinian intellectuals and writers continue their protest activities against what they perceive as a clear **suppression of free speech**.

したがって、ドイツ政府は以前よりイスラエルへの配慮から、イスラエル**に敵対し**、テロ行為を行ってきたハマスを支持する**集会**などを抑制してきたのです。10月にハマスがイスラエルに攻撃を仕掛け人質をとると、ドイツはいち早くイスラエルへの支持を表明しました。そして、その延長としてアダニア・シブリへの授賞式も延期したのです。

　こうした動きに、ドイツに住むパレスチナ系の人々は激しく反発しました。抗議活動はドイツ**全土に拡大**し、授賞式の延期を通告されたあと、沈黙を保っていたアダニア・シブリにも**声を上げて**欲しいという声が高まりました。

　彼女の書いた小説『マイナー・ディテイル』は、**ナクバ**と呼ばれる1948年イスラエル建国時のパレスチナ人への弾圧をテーマにした小説です。その翌年にイスラエルの兵士にパレスチナの少女がレイプされ、殺された事件に関心をもったパレスチナ系の若い女性が、その事実を探ってゆく様子が物語の中に描かれています。ドイツ政府や団体がイスラエルを支持するなかで、この小説の受賞式にも待ったをかけたことは、**言論への明らかな弾圧**だと、パレスチナ系の人々のみならず、多くの作家や知識人が抗議活動を続けているのです。

▶ナクバは1948年のイスラエル建国とともにパレスチナに居住していたアラブ（パレスチナ）人が迫害・追放され、祖国が破壊されたこと。70万人以上が難民となり、故郷と家を失った。

# Israel's military action in response to Hamas's terrorist acts have divided the world

The recent Israeli incursion into the Gaza Strip and attacks on civilian settlements have divided world opinion. Many refugees from the Middle East live in Western countries, such as the U.K., France, and Germany. Naturally, they criticize Israel's actions. This has caused a new **division** of European society, and people's distrust toward each other is becoming a political issue as well. In fact, the principle of coexistence between immigrant groups from Africa and the Middle East and the original white population in Western Europe is now under threat.

Intellectuals like Adania Shibli then argue that people must distinguish between the **racism** of **anti-Semitism** and the unjust oppression of Palestine by the Jewish state of Israel. In other words, if the actions of the state of Israel and the Jewish people are not considered separately, new misunderstandings and discrimination will arise.

They also argue that the Holocaust suffered by the Jewish people and the genocide and oppression suffered by the Palestinian people are both the same type of crime against humanity, so both must be **condemned** equally. Naturally, many Jewish people agree with this view, and the issue of how to separate the state from the individual is now becoming a global issue.

What we must further consider here is the concept of impunity.

► impunity → p.96

## ハマスのテロ行為に対するイスラエルの戦闘行為は世界を二分する

　今回のイスラエルによるガザ地区への侵攻と一般市民の居住地への攻撃は、世界の世論を二分しました。実は、イギリスやフランス、そしてドイツなど西欧諸国には中東からの難民が多く住んでいます。当然、彼らはイスラエルの行為を批判します。このことは、ヨーロッパ社会の新たな**分断**の原因となり、人々のお互いへの不信感が政治問題にもなろうとしています。それほどに、西欧社会を構成するアフリカや中東からの移民グループと、元々そこに住んでいた白人系の人々との共存原理が脅かされようとしているのです。

　そのときにアダニア・シブリのような知識人たちは、**反ユダヤ**という**人種差別**と、ユダヤ人国家であるイスラエルが行うパレスチナへの不当な弾圧とを区別して見つめなければならないと主張します。つまり、イスラエルという国家の行為と、ユダヤ人という人々とを分けて考えないと、そこに新たな誤解と差別とが生まれてしまうというのです。

　同時に、ユダヤ人の被ったホロコーストと、パレスチナの人々が受けている殺戮行為や抑圧は同じ人類への犯罪で、そのどちらも平等に**非難され**なければならないと主張しているのです。当然、ユダヤ系の人々の中にもこの考えに賛同する人は多く、国家と個人とをいかに分けて考えるべきかという課題は、今世界に広がろうとしているのです。

　ここで、我々がさらに考えなければならないのはimpunity（咎められないこと）という概念です。

▶特にシリアは、2022年現在で難民の人数が約650万人で世界最多の国である。これは2011年から現在も継続しているシリア内戦によるもので、主に隣国トルコを経由してヨーロッパへと渡る人々が多い。トルコは世界最多の難民受け入れ国（約360万人）であり、次いでイラン（約340万人）、ヨーロッパではドイツ（約210万人）が最も多く難民を受け入れている。（出典：UNHCR）

No matter how many civilian lives are taken in Israel's continued attacks on the Gaza Strip in response to Hamas's acts of terror, as long as Israel has the support of Western nations, its act are **permitted** and are not **condemned**. This highlights the **inequality** in the world, where the acts of the powerful are not criticized, while the acts of the powerless, who are left with no means to fight, are condemned as terrorism.

Although Russia's invasion of Ukraine is denounced by the world, its territory and people are not directly subject to punishment because it is itself a nuclear power. The same is true of China and the U.S. The harsh reality is that the major powers can get away with what they do, but the people who suffer there must cry themselves to sleep.

## We must employ wisdom to equally punish blameworthy actions

Challenges related to impunity exist not only at the level of nations but are also found deep within the fabric of society, including disparities in wealth and education.

The actions carried out by Israel as a nation in Palestine and the acts of terrorism committed by groups like Hamas—sometimes even by individuals who have lost loved ones to Israel's actions—are **equivalent** in the sense that they result in the indiscriminate killing of innocent civilians. However, humanity lacks the wisdom to equally punish both sides.

What is even more unfortunate is that the rest of the world

イスラエルがハマスのテロ行為への対抗としてガザ地区への攻撃を続け、そこでどれだけ市民の生活が破壊されようと、イスラエルが欧米諸国の支持を受けている限り、それは**許され**、**咎められる**ことはありません。これは、力あるものが行う行為は咎められず、無力の人がなす術もないままに行う戦闘行為はテロとして咎められるという**不平等**が世界に存在しているという事実を示しています。

ロシアによるウクライナ侵攻は世界から咎められてはいるものの、自らが核大国であることから、ロシアで自国の領土や人々が直接懲罰の対象になることはありません。この図式は中国でも、アメリカでも同様で、大国は自国の行うことは見逃すことができても、そこで被害にあっている人々は泣き寝入りをしなければならないという厳しい現実が当たり前のことになっているのです。

▶2023年現在、核実験を公式に成功させたのは米国（1945）・ロシア（1949）・英国（1952）・フランス（1960）・中国（1964）・インド（1974）・パキスタン（1998）・北朝鮮（2006）の8か国である。

## 咎められるべき行為を等しく罰する知恵を絞ることが必要

Impunityの課題は、国家だけではなく、貧富の差や教育格差などといった社会の実態の中にも根深く存在します。

イスラエルが国家としてパレスチナで行っている行為と、ハマスなどが組織的に、時には過去にイスラエルに生活を奪われた個人が行っているテロ行為とは、無差別に罪もない市民を殺害する行為という意味では**同等**なものでしょう。しかし、その双方を平等に罰する知恵を人類は備えていないのです。

さらに残念なことは、impunityの問題に苦しむ人々に

93

is becoming increasingly **indifferent** and **insensitive** to those suffering from impunity issues.

People tend to avoid getting involved in others' affairs, and this attitude of not getting involved is prevalent in the world. This is evident when looking at Japanese society. Whether in educational settings or in arenas of public speech, there is a **prevailing** atmosphere that turning a blind eye to issues like impunity is safer.

However, when we say that it is someone else's problem, we are forgetting that tomorrow will be our day, and this is leading to a crisis for the entire human race.

This should be kept in mind as we analyze the events that took place in Germany, a "minor detail" in the eyes of the world.

対して、世界の他の人々が**無関心で鈍感に**なりつつあることです。

　人ごとは人ごとで、できれば触れたくないという意識が世界に蔓延していることは、日本の社会をみてもよくわかります。教育の場でも言論の場でも、impunityという問題には目をつぶっている方が無難だという空気が**充満**しています。

　しかし、人ごとといっているとき、明日は我が身だということを忘れていることが、人類全体の危機へと繋がっているのです。

　このことを私たちは考えながら、ドイツで起きた、まさに世界からみれば「マイナー・ディテイル」な出来事を分析してみたいのです。

第2部

# Key word

## IMPUNITY 損害［処罰］を受けないこと、免責

　with impunity（何のお咎めもなく）というフレーズの形でよく使われる単語です。語源はpain（痛み）, penal（刑罰の）, punish（罰する）などと同様、「罰」を意味するラテン語の名詞poenaに由来します。さらにこのpoenaは、payment（支払い）やpenalty（罰）を意味するギリシャ語poinēに由来しています。

　本文でも言及されているように、国家や組織、個人で為すことが同じでも、その力関係によって処罰や損害に明らかな不平等が存在しています。これまでの歴史を振り返ってみても、大国の利害のために犠牲を強いられるのはいつも、その場所でただ暮らしている無辜の市民たちなのです。

---

### 事例

The white-hat hacker infiltrated the company's database with impunity.
ホワイトハッカーは何の処罰も受けずに会社のデータベースに侵入した。

That laws were flouted with impunity.
その法律は平然と反故にされた。

Despite committing crimes against humanity, the former dictator lived in luxury and enjoyed impunity.
人道に対する罪を犯したにもかかわらず、かつての独裁者は贅沢な暮らしをし、不処罰を享受していた。

 あなたはどう答える？

What impunity issues exist in Japan?
日本にはどのようなimpunityの問題がありますか？

> ヒント ▶ 学校や職場でのいじめ、パワハラ・セクハラや痴漢などの性犯罪は、決して許されるものではありません。しかし、事件を立証することや声を上げることの難しさから被害者が「泣き寝入り」するしかないことも少なくないのです。

### 覚えておくと便利な単語、表現

☐ **in light of the lessons learned from**　〜から得られた教訓を踏まえて
☐ **put a stop to**　〜に待ったをかける
☐ **turn a blind eye to**　〜を見て見ぬふりをする

# 第6話

# イスラム過激派をも支持した
# アメリカの支払った代償に揺れる世界

## Article 6
## A World Shaken by the Price Paid by the U.S. for
## Supporting Even Islamic Extremists

Let's create the religious the belt to contain communism. That was the theory of the Carter administration.
—— Gapy Azad

（宗教の壁を造って共産主義を封じ込めようというのがカーター政権の政治方針でした）

# Article 6

## The truth told by son of the Shah ousted by the Iranian Revolution

There is a saying that "history repeats itself," and it is said that we are now in the era of the **New Cold War**.

During the Cold War, **proxy wars** were fought around the world due to the tension between the United States and the former Soviet Union. Now, in the era of the New Cold War, a new division of the world is said to be taking place because of the **confrontation** between the U.S., China, and Russia.

However, not many people know that the revolution in Iran, which occurred in a prosperous **pro-American regime** during the Cold War era, has had an impact on the current chaos in the Middle East and prolonged conflicts up to the present day.

This is because few people are aware of the shocking truth revealed by Kurosh Rezaei Pahlavi, the son of the **exiled** Shah of Iran, during his stay in the United States in the fall of 2023, to a certain online media outlet.

Pahlavi himself gave a candid account of his meeting with then-U.S. President **Carter** after the Iranian Revolution. It is a fact that the Carter administration at the time decided that no matter how pro-American Iran was at the time, it would be in the U.S. **national interest** to support the newly formed Islamic regime after the collapse of that country.

At the time, the Carter administration was highly alarmed by the creation of a pro-Soviet regime in Afghanistan. Naturally, the U.S. was making a concerted national effort to gather information, including from the CIA and other **intelligence agencies**,

▶ exile ➤ p.108

## イラン革命で追われた国王の子息が語る真実とは

「歴史は繰り返す」という言葉がありますが、今我々は**新冷戦**という時代にいるといわれています。

冷戦時代はアメリカと旧ソ連との緊張の元で、世界中で**代理戦争**が起こりました。そして今、新冷戦という時代のなかで、アメリカと中国、そしてロシアとの**対立**の向こうに新たな世界の分断が起ころうとしているのです。

しかし、冷戦時代に**親米政権**として経済的に繁栄したイランに革命が起こり、それが現在にまで影響を与えている中東の混乱と長い戦いの原因となったことを知っている人はそう多くはありません。

当時、イランでのイスラム革命で**亡命**を余儀なくされたパフラヴィー国王の息子クロシュ・レザー・パフラヴィー氏が、2023年の秋に亡命先のアメリカで、あるネット系のメディアに明かした真実が、あまりにも衝撃的だからです。

イラン革命の後に当時のアメリカの**カーター**大統領と会談をした際の生々しい記録が、パフラヴィー氏本人の口から語られました。それは、当時のイランがいかに親米政権であろうと、その国が崩壊した後は、新たにできたイスラム政権を支持した方が、アメリカの**国益**になるだろうと、当時のカーター政権が判断していた事実です。

当時のカーター政権は、アフガニスタンに親ソ政権ができたことを強く警戒していました。当然、中東やアジアにソ連の影響を受けた国家がさらに生まれることのないように、CIAなどの**諜報機関**も含め、アメリカは国を

▶代理戦争の代表的なものに朝鮮戦争（1950-53）、ベトナム戦争（1954-75）、アフガニスタン紛争（1978-92）などがある。

▶イラン革命（1978-79）は、ホメイニ師を精神的指導者とするシーア派のイスラム勢力が当時の国王パフラヴィー2世による親米政権を打倒したイスラム共和主義革命。パフラヴィー2世は1961年から西欧化政策、いわゆる「白色革命」を断行し近代化と世俗化を推進したが、米国を後ろ盾にした独裁への反発からイラン革命で失脚した。

ジミー・カーター
Jimmy Carter（1924-）

99

to prevent the creation of more Soviet-influenced states in the Middle East and Asia.

It was during this time that the revolution broke out in Iran and an Islamic regime was born with **Ayatollah Khomeini** as its leader. Pahlavi, who had originally leaned toward the U.S., expected assistance from it, but the Carter administration **dodged** his request.

When Kurosh Rezaei Pahlavi met with President Carter, he testified that Carter was rather pleased with the prospect of strong Islamic regimes emerging in the Middle East. Clearly, the United States **underestimated** figures such as **Saddam Hussein**, Ayatollah Khomeini, and even Osama bin Laden, who had declared his struggle against the Soviet Union, and instead supported their anti-Soviet activities.

The United States judged that if Islamic regimes opposed communism, which was hostile to religion, it would be beneficial for America. Moreover, when the Soviet Union began its invasion of Afghanistan under the pretext of protecting a pro-Soviet regime, the Carter administration increasingly **turned a blind eye to** the expansion of Islamic states disregarding human rights in Iran and Iraq. Behind this was likely a strong desire to maintain interests in oil fields.

あげて情報の収集に努めていたのです。

　その最中にイランで革命が勃発し、**ホメイニ師**を迎えたイスラム政権が誕生しました。元々アメリカ寄りだったパフラヴィー国王は、アメリカからの援助を期待していましたが、カーター政権はその要請をのらりくらりと**はぐらかして**いたのです。

　クロシュ・レザー・パフラヴィー氏はカーター大統領と面会した折、カーター大統領は中東にイスラム教の強い政権が帯のようにできることをむしろ喜んでいたと証言したのです。アメリカは明らかに、**サダム・フセイン**もホメイニ師も、さらにはソ連との闘争を宣言していたウサーマ・ビン＝ラーディンすらも**過小評価し**、むしろ彼らの活動を反ソ連活動のために援助していたのです。

　イスラム教政権が宗教を嫌う共産主義をテーゼにするソ連と対立すれば、それはむしろアメリカにとって利益になると判断したのです。しかも、その後親ソ政権を保護する名目でソ連がアフガニスタンに侵攻を開始すると、カーター政権はますますイランやイラクでの人権を無視したイスラム国家の伸長を**黙認する**ようになりました。その裏には、油田に対する権益維持への強い思惑もあったのでしょう。

ホメイニ師
Ayatollah Ruhollah
Khomeini（1902-1989）

▶ウサーマ・ビン＝ラーディン（1957-2011）はサウジアラビアの大富豪出身でイスラム急進派の指導者。アフガニスタン紛争（1978-92）に義勇兵として参加しソ連への抵抗活動をするとともに、国際テロ組織アルカーイダを結成し、2001年のアメリカ同時多発テロ事件をはじめ数々のテロ事件を首謀した。

# The path from revolution to the current anti-American orientation in the Middle East

It is ironic, however, that this proved fatal to the Carter administration. While the Carter administration **ruthlessly** abandoned the Pahlavi regime, the thinking of the nascent Iranians was the exact opposite of what the U.S. had predicted.

They used **anti-American** slogans because the U.S. had been originally allied with the Pahlavi regime, and people under their direction occupied the U.S. **embassy** in Tehran and took the embassy staff hostage. This became the cause of conflict between the U.S. and the Islamic countries of the Middle East. Failure to resolve the hostage crisis led to President Carter's electoral defeat and the birth of the Republican Reagan administration. In a debate between the **presidential candidates** during that campaign, Mr. Reagan bitterly criticized President Carter's Middle East policy.

This led to the release of the hostages by the Iranian government as soon as Reagan **took office**, humiliating President Carter.

However, both the Reagan administration and subsequent administrations were always **indecisive** about Middle East policy until the Gulf War, when Iraq invaded Kuwait. As long as Saudi Arabia, the U.S. ally in the region, was watching over things, they thought that as long as the Israeli-Palestinian problem could be successfully resolved, the Middle East problems would be resolved **in** the U.S.'s **favor**.

Iraq's Saddam Hussein invaded Kuwait because of the U.S. attitude toward his rival Iran, and also because he underestimated the strong ties that the Gulf states had with the West. This

## 革命から現在の中東における反米志向につながる道のり

　しかし、このことがカーター政権の命取りになったのは皮肉なことです。パフラヴィー政権を非情にも見放したカーター政権に対し、新生イランの考え方はアメリカの予測とは真逆でした。

　彼らは元々アメリカがパフラヴィー政権と同盟していたことから反米のスローガンを掲げ、先導された民衆がテヘランのアメリカ大使館を占拠し、大使館員を人質にしてしまったのでした。これがアメリカと中東イスラム諸国との対立の原因となってしまいました。この人質事件を解決できなかったことで、カーター大統領は選挙で敗れ、共和党のレーガン政権が生まれたのです。その選挙戦の最中の大統領候補のディベートで、レーガン氏がカーター大統領の中東政策を痛烈に批判したのです。

　このことから、レーガン氏が大統領に就任するや否や、イラン政府は人質を解放し、カーター大統領は屈辱を味わったのでした。

　しかし、そんなレーガン政権も、その後の政権も、イラクがクウェートに侵攻した湾岸戦争までは中東政策に対しては常に優柔不断でした。同盟関係にあるサウジアラビアが睨みをきかせている限り、イスラエルとパレスチナの問題さえうまく解決できれば、中東問題はアメリカに対して有利に解決してゆくだろうと思っていたのです。

　イラクのサダム・フセインは、ライバルのイランに対するアメリカの態度を見て、さらに湾岸諸国が西側と強く結びついていることを甘く見て、クウェートに侵攻し

▶在イラン米国大使館人質事件（1979-81）では、イラン革命で亡命したパフラヴィー元国王らの入国をアメリカが認めたことに反発した抗議デモの参加者の一部が暴徒化し、外交官らを人質に元国王の身柄引き渡しを求めた。カーターに勝利したレーガンが大統領に就任したその日、人質は444日ぶりに解放された。

ロナルド・レーガン
Ronald Reagan（1911-2004）

▶湾岸戦争（1990-91）はイラクが隣国クウェートに侵攻したのを発端に、米国主導の多国籍軍とイラクとの間で勃発した。多国籍軍の勝利によりクウェートは解放されたが、人的被害や石油火災・石油流出などの環境汚染が問題となった。

put the U.S. at odds with both Iran and Iraq and spread **hatred** of the U.S. throughout the Muslim world.

As a result, Osama bin Laden, who had once been supported by the United States, began to refer to America as the "Empire of Evil." Finally, when Afghanistan was liberated from the Soviet Union and descended into lawlessness, bin Laden cultivated his militia there and orchestrated the September 11 attacks of 2001.

Subsequently, the United States encountered difficulties in its Middle East policy, while domestically, **prejudice** and hatred toward Islamic countries stirred public opinion. In response to these developments, Russia, after the collapse of the Soviet Union, and China, with its growing economic power, stepped in to support anti-American activities in the Middle East, thus **triggering** the New Cold War.

Rather than saying that history repeats itself, it may be more correct to say that history is always a combination of cause and effect, leading to the next situation.

## U.S. support for Israel unites other countries against it

Many Islamic countries and Muslims who advocate anti-American sentiments naturally harbor hatred toward Israel, which is supported by the United States. They attempt to use slogans portraying Israel as a nation that has seized the land and property of the Palestinian people to foster solidarity in anti-American

たのでした。これによって、アメリカはイラン、イラク
の双方とも対立し、イスラム社会全体にアメリカへの憎
悪を撒き散らすことになりました。

　その結果、一時はアメリカが支援すらしていたウサー
マ・ビン＝ラーディンは、アメリカを悪魔の帝国と称す
るようになりました。そしてついにアフガニスタンがソ
連から解放されて無政府状態になったことで、そこで私
兵を養って2001年にアメリカで同時多発テロ事件を起
こしたのです。

　その後、アメリカは中東政策にてこずり、国内ではイス
ラム諸国への偏見や憎悪が世論を沸騰させたのです。こ
うした動きに、ソ連が崩壊した後のロシアや経済力をつ
けた中国が中東での反米活動の後押しをしようと乗り出
してきたことが、新冷戦の発端となったのです。

　歴史は繰り返すというよりも、歴史は常に原因と結果
が重なり、次の事態へとつながっているという方が正し
いかもしれません。

## 反米結束の対象として使われるイスラエルを支援するアメリカ

　反米を掲げるイスラム諸国やイスラム教徒の多くは、
当然アメリカが支援するイスラエルを憎悪します。イス
ラエルがパレスチナの人々の土地と財産を奪った国とい
うスローガンを掲げることで、反米活動の結束を促す道
具として使おうと試みます。サダム・フセイン政権がイ

▶アメリカ同時多発テロ事件（2001年9月11日）はイスラム過激派のテロ組織アルカーイダによって行われた4つの対米テロ攻撃。この事件を機に、2001年から2021年まで続いたアフガニスタン紛争や2003年から2011年まで続いたイラク戦争が勃発し、米国とテロ組織との長い戦いが始まった。

activities. **Islamic fundamentalists** like ISIS, which emerged after the collapse of the Saddam Hussein regime in Iraq, advocated for transnational anti-American activities and supported terrorist activities.

President Biden, who has inherited the tradition of Democratic Party administrations like Jimmy Carter, Bill Clinton, and even the Obama administration, is destined to **be manipulated** even more by the Middle East than Republican administrations due to these past judgment errors.

When Israel began its incursion into the Gaza Strip, with Hamas and, from the north, the Iranian-backed Hezbollah sandwiching Israel, the Biden administration could not come up with any policy other than to support it.

The **price** paid by the U.S. for trying to use an Islamic regime to confront the Soviet Union was a heavy one.

Who would have imagined when the revolution broke out in Iran that the unaccountable turmoil in the Islamic world would later become the Achilles' heel of its regime? The testimony of Mr. Claus Reza Pahlavi seems to tell us clearly how much the U.S. has "paid" for its **petty** foreign policy.

ラクで崩壊した後のISなどの**イスラム原理主義者**は、国境を超えた反米活動を唱え、テロ活動を後押ししました。

ジミー・カーター、ビル・クリントン、さらにはオバマ政権という民主党政権の伝統を受け継いだバイデン大統領は、こうした過去の判断ミスから共和党政権以上に中東に**翻弄される**運命に晒されます。

ハマスが、そして北からはイランに後押しされたヒズボラがイスラエルを挟み撃ちにするなかで、ガザ地区にイスラエルが侵攻を始めたとき、バイデン政権はイスラエルを支持する以外の政策は打ち出せませんでした。
イスラム政権を利用してソ連と対峙しようとしたアメリカが払った**代償**は大きかったのです。
今ではイスラム圏の収集のつかない混乱が自らの政権のアキレス腱になろうとは、イランで革命が起こったときに誰が想像したでしょうか。クロシュ・レザー・パフラヴィー氏の証言は、そんなアメリカの**小手先だけの外交政策**が、どれだけ大きな「つけ」となっているのかを、まざまざと語ってくれているようです。

▶ISはイスラム国家の樹立運動を行うイスラム過激派テロ組織。イラク・シリア・アフガニスタンなどを活動拠点とし、米国との対テロ戦争などにも参加したほか、さまざまな国籍の人を拉致・虐殺するなどしていた。2024年現在もテロ活動を継続している。

第2部

# Key word

## EXILE　国外追放（する）、亡命（させる）

「〔自分の国や州、家からの〕強制的な退去・自発的な逃亡」を意味する名詞（あるいは動詞）です。Palestinian exile [refugee]で「パレスチナ難民」を表します。また、16ページで解説した「バビロン捕囚」は、その出来事を英語で"the Exile (in Babylon)"といいます。

　同じ「追放」の意味を持つ類義語には、banish（〔必ずしも自国とは限らない〕国からの強制追放）、deport（〔不法に入国した、あるいは存在が公に有害だと判断された外国人を〕国外追放する）、transport（犯罪者を海外に移送する）などがあります。

......................

### 事例

They hoped that their exile would be temporary.
彼らは亡命が一時的なものであることを願っていた。

The king survived the assassination attempt and exiled himself soon after.
国王は暗殺未遂を生き延び、その後すぐに亡命した。

Many chose to live as exiles rather than face persecution.
多くの人が迫害に遭うよりも、亡命者として生きることを選んだ。

### ？　あなたはどう答える？

How has Japan's relationship with the U.S. evolved over time?
日本の対米関係は時代とともにどのように変化してきましたか？

> **ヒント**　戦前の中国大陸をめぐる利権争いと太平洋戦争の開戦、そして戦後のGHQによる占領と日米安保締結を経て、現在に至ります。日米同盟が機能している一方、在日米軍基地や駐留費の負担、日米貿易摩擦の課題もあります。

### 覚えておくと便利な単語、表現

☐ **behind the scenes**　舞台裏で、陰で

☐ **in favor of**　《be -》〜を支持して、〜に有利になる

☐ **come up with**　〔計画・解決策などを〕考え出す、提案する

# 第7話
# 国連改革を行き詰まらせた2023年

## Article 7
## UN Reform Stalled in 2023

All Members shall refrain in their international relations from the threat or use of force against the territorial integrity or political independence of any state, or in any other manner inconsistent with the Purposes of the United Nations.

—— The Charter of the United Nations, Chapter 1, Article 2. 4.

（すべての加盟国は、その国際紛争において、武力による威嚇または武力による行使を、いかなる国の領土保全または政治的独立に対するものも、また国際連合の目的と両立しない他のいかなる方法によるものも慎まなければならない）

## The dysfunction of the United Nations and the death of Kissinger

When the coronavirus spread worldwide in 2020, humanity prayed for the **pandemic** to end as soon as possible. And it must have seemed as if that humanity could not possibly be exposed to any greater threats.

However, immediately after that, Russia began its invasion of Ukraine, and the world situation was **thrown into turmoil**. This upheaval continuously affects Japan as well, with **skyrocketing prices**, a **weakening yen**, and disruptions in logistics and trade flows, to name just a few examples.

Ukraine and the Gaza Strip are not the only **battlegrounds**. There are many other examples of global tensions, known as the New Cold War, that have turned into hot wars, including African countries shaken by unstable political situations and the situation in Myanmar, which remains mired in turmoil that is still unresolved.

Looking at what the problem is through these examples, one major challenge becomes apparent.

It is the reality that the **United Nations**, which was originally established to resolve international conflicts and keep peace in the world, has **become dysfunctional**.

In late 2023, **Henry Kissinger**, former U.S. Secretary of State (Ford Administration) and former Special Assistant to the National Security Council (Nixon Administration), who had had a significant influence on postwar world politics, passed away at

▶ dysfunctional → p.120

## 国際連合の機能不全とキッシンジャー氏の死

ヘンリー・キッシンジャー
Henry Kissinger（1923-2023）

2020年に世界中にコロナが蔓延したとき、人類はただ1日も早くその**流行**が終息することを祈っていました。そして、人類がこれ以上の脅威に晒されることはないのではと思っていたはずです。

しかし、その直後にロシアがウクライナに侵攻を開始したときから、世界情勢は**混乱の渦のなか**に巻き込まれました。そのハレーションが日本にも間断なく影響を与えます。**物価高、円安**、物流や商流の滞りなど、事例を挙げればきりがありません。

**戦場**となっているのはウクライナとガザ地区だけではありません。不安定な政情に揺れたアフリカ諸国、泥沼状態のまま解決しないミャンマー情勢など、ウクライナ対ロシアやイスラエル対ハマスとの戦闘以外にも新冷戦と呼ばれる世界の緊張が、熱い戦争になった事例は数多くあります。

これらの事例を通して、一体何が問題なのかと問いかけたとき、我々にはたった一つの大きな課題がみえてきます。

それは、本来国際紛争を解決し、世界の平和の番人として設立された**国連**が、**機能不全に陥っている**という現実です。

2023年の暮れに、戦後の世界の政治に大きな影響を与えてきたアメリカの元国務長官（フォード政権）で、国家安全保障会議の特別補佐官（ニクソン政権）も務めたことのある**ヘンリー・キッシンジャー氏**が100歳という高齢

▶現在も内戦が続くスーダン・南スーダンをはじめ、停戦後も武装勢力による攻撃に脅かされている中央アフリカ共和国やコンゴ民主共和国、東西に分裂し二つの政府が共存するリビア国など、アフリカには未だ困難な状況に置かれている国がある。

▶ミャンマー国軍による2021年2月1日のクーデターで民主政権が転覆した後、国軍が武力によって民主派による抵抗を制圧しているほか、非暴力から方針転換した民主派勢力と少数民族の武装勢力の連携による国軍との武力闘争なども起こり、情勢は混乱し多くの人々が人道危機に直面している。

the age of 100.

Kissinger's **achievements** lie in his efforts to resolve the **conflicts** of the Cold War era while connecting the ideals of the United Nations with reality.

He was a Jew born in Germany under the Nazi regime. After he immigrated to the United States with his family, many of his relatives lost their lives in **concentration camps** and other places. This experience is said to have greatly influenced his later political beliefs.

His **diplomatic activities** were motivated by the idea that unless we understand how Germany, one of the world's most advanced countries, turned into such a brutal and cruel dictatorship, there would be no lasting world peace and human prosperity.

Henry Kissinger, born abroad and later naturalized as a U.S. citizen, did not qualify to become president due to his foreign birth. However, he remains one of the **most accomplished** politicians in American history, significantly influencing international politics during the Cold War.

During the era when he was active, the United States was deeply scarred by the **Vietnam War**. Moreover, the Nixon administration, in which he played a significant role, was embroiled in the Watergate **wiretapping** scandal, the worst scandal in U.S. political history.

However, under the Nixon administration, Kissinger secretly achieved a **thaw** in relations between the United States and China. And while seeking a path of détente (easing tensions by reducing military power) with the Soviet Union, he also

で他界しました。

　キッシンジャー氏の**功績**は、国連の理念と現実との間を繋ぎながら、冷戦時代の**軋轢**の解消に努力してきたことにありました。

　彼はナチス政権下のドイツに生まれたユダヤ人で、彼の一家がアメリカに移住したあと、親戚の多くが**強制収容所**などで命を落としています。この経験はのちの彼の政治信条にも大きな影響を与えたといわれています。

　世界でも有数な先進国であったドイツが、どうしてあそこまで野蛮で残虐な独裁国家になったのかというテーマを解決できない限り、世界の恒久平和と人類の繁栄はありえないというのが、彼の**外交活動**を支えたモチベーションでした。

　ヘンリー・キッシンジャーは海外で生まれ、のちに米国籍を取得した関係で、大統領になる資格は持っていなかったものの、アメリカで**最も優れた**政治家として、冷戦下の国際政治に大きな影響を与えてきた人物だったのです。

　彼が活躍した時代、アメリカは**ベトナム戦争**の深い傷を負っていました。しかも、彼が貢献したニクソン政権はウォーターゲート事件という**盗聴**事件に大統領自らが関与していたとして、米国政権史上最悪のスキャンダルに見舞われました。

　しかし、彼はニクソン政権下で機密裏にアメリカと中国との**雪解け**を達成し、ソ連ともデタント（軍事力の削減による緊張緩和）の道筋を模索しながら、中東問題の解決にも貢献してきました。彼のアメリカの国益を中心に据

リチャード・ニクソン
Richard Nixon（1913-1994）

▶1972年の米大統領選挙運動期間中に、ワシントンD.C.のウォーターゲート・ビル内の民主党本部に盗聴器が仕掛けられ、共和党のニクソン大統領による隠ぺい工作が明らかになり、米政権史上初の任期途中での大統領辞任につながった。

▶1979年1月1日をもってアメリカは中華民国（台湾）に代わり、中華人民共和国と正式な外交関係を結び「一つの中国」を承認する一方、台湾防衛のための軍事行動を選択肢として認める「台湾関係法」を結ぶなど、台湾との関係も維持している。

113

contributed to solving the Middle East problem. Although his **pragmatic** policies centered on America's national interests are controversial, he is known for dynamically **steering** U.S. foreign policy, sometimes through the special channels of the intelligence agencies he fostered for the United States.

## Exercises of veto power and an overwhelming lack of human resources stand in the way of reform

Right now, the UN lacks someone like Kissinger, who can persuade even his **opponents**.

In what is now called the New Cold War, the United Nations, which was established shortly after World War II under the leadership of the victorious nations, can no longer respond quickly if something happens because the permanent members of the Security Council have **veto power**.

Strong diplomatic efforts are needed to prevent the relevant states from using their vetoes. This requires strong connections with countries worldwide and influential people whose words will be heard by world leaders. The lack of these is the direct cause of the UN's dysfunction.

The structural fatigue of the United Nations has become so **prominent** that Kissinger's death seems to mean the death of the United Nations.

The UN plays a major role in areas not directly related to international politics, such as economic, human rights, environmental, and even health and **sanitation issues**.

えた**現実的な**政策には賛否両論はあるものの、時にはアメリカのために自身の育てた諜報機関の特別なルートを通してダイナミックにアメリカの外交政策の**舵取り**をしたことで知られています。

## 改革に立ちはだかる拒否権行使と圧倒的な人材不足

　今、国連にはキッシンジャー氏のように**対立する相手**をも説得することができる人物が不足しています。

　新冷戦と呼ばれる現在、戦後間もなく戦勝国の主導で設立した国際連合は、常任理事国が**拒否権**を持つことで、何か事が起きても迅速な対応ができなくなったのです。

　拒否権を防ぐには、該当する国家がそれを使わないようにするための強い外交力が必要です。それには世界各国との太い人脈が必要で、同時に世界の指導者がその言葉を聞こうとする影響力のある人材も必要です。これが足りていないことが、国連の機能不全の直接の原因になっています。

　キッシンジャー氏の死は、そのまま国連の死を意味するのではと思わせるほどに、国連の構造疲労が**目立つ**ようになってしまいました。

　国連は、経済問題、人権問題、環境問題、さらに健康**衛生問題**など国際政治に直接関係しない分野でも大きな役割を担っています。

▶国際連合"United Nations"は、第二次世界大戦時の枢軸国（日独伊）と対戦した「連合国」を意味し、勝者たちによって構想された組織である。

However, one major flaw in this organization is not often questioned. That is, the system of separation of powers, which any democratic nation naturally possesses, is not functioning. The United Nations is a large **administrative body** facing the world, and the distinction between its judicial and legislative bodies is not clear. This is because the UN functions as an international institution with military power to solve complex international political issues, **transcending** nations as an international administrative body. Therefore, even when adjudicating disputes according to international law, approval from the Security Council as the executive authority is required. Because the permanent members each have veto power, it often fails to act even though the majority of members agree.

しかし、その組織に一つの大きな瑕疵があることはあまり問いかけられていません。それは、民主国家であれば当然持っている三権分立の制度が機能していないことです。国連は世界に向けた大きな**行政機関**で、司法機関、立法機関との住み分けが明快ではないのです。それは国連が複雑な国際政治の課題を解決する軍事力をもった国際機関、つまり国家間を**超越した**国際行政機関として機能しているためで、国際法によって相手を裁くときにも、行政の長としての安全保障理事会の承認が必要となるからです。常任理事国はそれぞれ拒否権を持っているため、加盟国の過半数が賛成していても行動を取れないことが多いのです。

### 国際連合と安全保障理事会
The United Nations and Security Council

　国際連合は1945年に発足し、原加盟国は51か国。本部はニューヨークにあります。国連の組織は6つの主要機関と付属・補助機関から構成されます。

　主要機関の一つである安全保障理事会は、国際平和と安全に責任を負い、法的拘束力を持つ決議を行える事実上の最高意思決定機関です。米・英・露・仏・中の常任理事国5か国と、2年の任期で選ばれる非常任理事国10か国で構成され、決議は全常任理事国の賛成投票がない限り否決されます。この「拒否権」行使が弊害となり、国連が機能不全に陥っていると指摘されているのです。

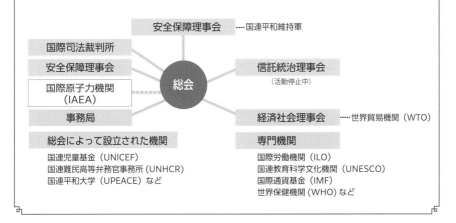

Hence, if a permanent member of the Security Council, such as Russia, invades Ukraine, Russia can simply exercise its veto power to **go through with** its actions.

There is a global shortage of individuals capable of correcting Russia, getting it to withdraw from Ukraine, or negotiating a **ceasefire**.

Another major challenge is that the provisions of the **United Nations Charter**, which can be considered as its constitution, are vague and open to various interpretations due to the international situation when the United Nations was established.

## A starting point for creating a world order without the UN

**Institutional reform** of the United Nations will not be so easy now that the new Cold War has become a constant presence. Therefore, it is impossible to use the UN military to resolve current conflicts, especially when the permanent members of the Security Council are involved in the war. Therefore, the **so-called** Western countries are trying hard to protect their own security by strengthening military treaties such as NATO and the **Japan-U.S. Security Treaty** in preference to the UN.

It is a well-known fact that China and Russia are trying to take over regions such as Africa and Central Asia.

Now that the United Nations is no longer functioning, we are at the starting point of a long road to see what kind of world order we, as a whole, must create.

ですから、常任理事国の一つであるロシアがウクライナに侵攻すれば、ロシアはそれを**遂行する**ために拒否権を行使すればよいことになります。

そんなロシアを正し、ウクライナから撤兵させるか、**休戦**へと持ち込むことのできる人材が世界的に不足しているのです。

さらに国際連合が設立された頃の国際情勢から、国連の憲法ともいえる**国連憲章**の条文が曖昧で、さまざまな解釈ができるようになっていることも大きな課題です。

## 国連なしに世界秩序を創造するための スタートライン

国連の**制度改革**は新冷戦が恒常化している現在、そう簡単にはできないでしょう。であれば、国連軍をもって現在の紛争解決にあたらせることも、その戦争に常任理事国が関わっている以上は不可能です。そのことから、**いわゆる西側諸国はNATOと日米安全保障条約**などの軍事条約をより強固にし、国連を差し置いて自国の安全を守ろうと必死になります。

アフリカや中央アジアといった地域を中国やロシアが取り込もうとしていることは周知の事実です。

国連が機能しない今、どのような世界秩序を我々人類全体が創造しなければならないのか、その長い道のりの出発点に今、我々は立たされているのです。

# Key word

## DYSFUNCTIONAL　機能不全の、逆機能の

　「物事の働きや効果が十分でない、あるいは健全な働きを妨げる」ことを表す形容詞で、名詞はdysfunctionです。医学的に脳や肝臓など臓器の機能不全(機能障害)を表す場合にも、社会科学の分野で議会や機関などの機能不全を表す場合にも用いられます。また、マイナスの働きをもたらす「逆機能」は、私たちの身近にもあります。例えば、公的機関の窓口で担当部署をたらい回しにされてしまう(縦割り行政の逆機能)とか、過去の(小さな)災害経験によって今回も大丈夫だろうと目の前の避難行動が妨げられる(経験の逆機能)などです。

### 事例

The organization's dysfunctional decision-making process hindered progress.
組織の機能不全に陥った意思決定プロセスが前進を妨げていた。

The company's dysfunctional management style led to a decline in productivity.
企業の機能不全に陥った経営スタイルが生産性の低下を招いた。

This novel portrayed a dysfunctional society where conformity stifled individuality.
この小説は、順応性が個性を押し殺す機能不全社会を描いている。

### ❓ あなたはどう答える？

What role can Japan play in the United Nations?
日本が国連において果たせる役割は何ですか？

> **ヒント**　国連安保理が機能不全に陥るなか、日本は2023年1月から非常任理事国の2年間の任期を務めており、これは全加盟国中で最多となる12回目です。また、国連総会の場を活用するほか、国連への働きかけができる人材の増員も求められます。

### 覚えておくと便利な単語、表現

☐ **without pause**　絶え間なく、途切れずに
☐ **eligible to**　《be -》～する資格がある
☐ **confidential**　〔情報が〕極秘[国家機密]の、〔手紙などが〕親展の

# 第8話
# フランスのアバヤ規制で問われる
# 「ディベートの文化」

## Article 8
## "Culture of debate" Questioned by
## France's Abaya Regulations

France's highest court on Thursday upheld the government's ban on students in public schools from wearing the abaya, a long, robe-like garment often worn by Muslim women.

—— CNN

（フランスの最高裁判所は、イスラム教徒の女性が着用する長いローブのような衣服アバヤの着用を、公立学校の生徒に禁止する政府の決定を支持した）

| Clothing and the separation of church and state

In August 2023, Gabriel Attal, the French Minister of National Education, announced a **prohibition** on the wearing of **abayas** by Islamic individuals in public educational institutions and government-related facilities, with the approval of the **Supreme Court**, sparking controversy. The Minister of National Education commented that the measure does not specifically target Islam itself, basically saying that wearing clothing associated with **religion** promotes unnecessary discrimination, prejudice, and conflict in educational settings.

The abaya, unlike the **burqa**, does not strictly cover the body but rather is a **garment** designed to cover the hair and the entire body with the same fabric, and is commonly worn by Muslim women as a fashion.

However, beyond these actions, there are **debates** about whether it is acceptable to use accessories such as necklaces or pendants with cross designs. In France, from the viewpoint of protecting the human rights of students and pupils, **strict regulations** have been imposed on the wearing of clothing that clearly expresses **Catholicism** and other religions in schools and other places, and teachers have been prohibited from making statements based on religious perspectives in educational settings.

Nevertheless, these regulations also lead to the question of how to distinguish between clothing and **ethnic costumes** in the first place.

In France, where there is a significant population of African immigrants, many people choose to wear traditional African ethnic clothing. Originally, the designs of these ethnic garments

▶ regulation → p.132

## 衣服の着用にまつわる政教分離

　2023年の8月、フランスのガブリエル・アタル国民教育相が、**最高裁判所**の承認もあり、公立の教育機関や政府関連の施設でイスラム教徒が**アバヤ**を着用することを**禁止する**と発表し、論議を呼びました。国民教育相は、基本的に**宗教色**のある衣類を着用することは、教育現場での無用な差別や偏見、対立を助長するとのことで、この措置は特にイスラム教そのものをターゲットとしたものではないとコメントしています。

アバヤ
Abaya

　アバヤは**ブルカ**などのように厳格に体を覆うものではなく、髪と全身を同じ**衣類**で整えるもので、イスラム教の女性はそれにファッション性も加味して使用しているのが一般的です。

▶アバヤは伝統的なガウンタイプの全身を覆う民族衣装で、身体のラインを隠すゆったりとしたデザインになっている。ブルカは全身を覆う布で、目元のみ網状で視覚を確保している。ムスリムの女性が肌を他人に見せないようにするためのもので、主にアフガニスタンで着用されている。

　ただ、こうした動きの向こうに、それであればアクセサリーとして十字架をデザインしたネックレスやペンダントを使用することはどうなのか、といった**議論**も出てきます。実際、フランスでは学生や生徒の人権を守る観点から、**カトリック**などの宗教色を如実に表現した衣服を学校などで着用することについても**厳しい規制**をかけ、教育の場で教師が宗教的な視点に基づいた発言をすることも禁止してきた経緯があります。

　とはいえ、こうした規制は、そもそも衣服と**民族衣装**との区別をどう考えるのかという疑問にも繋がります。

ブルカ
Burqa

　アフリカ系の移民が多いフランスでは、アフリカの民族衣装を着用した人も多くいます。もとはといえば、そうした民族衣装のデザインの細部には、それぞれの地域

were influenced not only by regional traditions but also by religious factors. Furthermore, this regulation aligns with the democratic society's perspective of promoting **harmony** through diversity.

Indeed, the idea of women covering their faces and bodies is based on the religious **precepts** of Islamic law, and it can be acknowledged that the abaya is unique in that it eloquently reflects such Islamic ideas. However, when considering the extent to which such practices should be accommodated, there is a significant challenge in democratic nations. Unlike **criteria** such as smoking regulations, which focus on discomfort or health hazards caused to others, **applying restrictions** to clothing raises complex questions.

In the past, there was a case where a person visiting Japan from overseas was refused entry to a **public bath** because he had **tattoos**. In Japan, tattoos were treated as a symbol of **anti-social forces**, so Japanese society encouraged the regulation of them as a measure to keep organized crime groups out of society.

However, in other countries, tattoos are artworks for **self-expression** and, in many cases, have religious meaning. As Japan encourages tourism from overseas and aims to open its society to visitors from abroad, it is necessary to consider whether it is appropriate to impose domestic regulations on foreigners. In other words, this regulation in France is not just an issue for other countries but also an important topic to consider in terms of the functioning of our own Japanese society.

It was once reported that Hijimachi, Oita Prefecture, was divided over whether or not to establish a cemetery for Muslims.

の伝統のみならず宗教的な影響がないとは言い切れません。さらに、多様性を容認することで、人々の宥和を促そうという民主主義社会の考え方に、今回の規制が合致しているのかも疑問です。

確かに、女性が顔や体を覆うという考え方には、イスラム法による宗教的な戒律が背景にあり、アバヤはそうしたイスラム教の考えを雄弁に語っているという特殊性は認められるでしょう。しかし、それをどの程度まで容認できるかという観点に立ったとき、例えば喫煙規制のように、他者に不快感や健康被害を与えるかどうかという判断基準を除けば、果たして衣服にまで制限を適応することが妥当かどうかは、民主主義国家では大きな課題といえましょう。

以前、海外から日本を訪れた人がタトゥー（刺青）をしていたことで、公衆浴場での入浴を断られたケースが問題になりました。刺青は日本では反社会勢力の象徴のように扱われたことから、日本社会ではそれを規制することで暴力団を社会から締め出す対策として奨励されました。

しかし、海外ではタトゥーは自己表現のためのアートワークであり、時には宗教上の意味合いも込めたものであるケースも多々あります。日本が海外からの観光を奨励し、海外からの訪問客へ開かれた社会を目指す中で、自国の規制を海外の人にも課すことが果たして妥当なのかどうかも検討が必要です。つまり、今回のフランスでの規制は他国の問題ではなく、我々日本社会のあり方を考えるうえでも大切なテーマなのです。

以前、大分県の日出町でイスラム教徒が求める土葬の墓地を開設するかどうかで町が二分されていると報道さ

▶イスラム教徒（ムスリム）の団体が日出町の町有地に土葬墓地の開設を計画しているのに対し、隣接する杵築市の住民から水質汚染や農作物への影響、風評被害を懸念する反対の声が上がり、自治体と住民との意見交換が行われている。

第2部

125

At that time, there were many who argued that people coming to Japan should adhere to Japanese norms and customs. This issue highlighted the depth of the underlying tensions surrounding cultural practices and religious considerations.

## The Western "culture of debate" is the essence of a democratic society

However, there is one thing I would like to consider here.

That is, even in Western societies that used to be **flexible** about these issues, recently, responses and **attitudes** such as the one in France stand out.

Originally, there was a "culture of debate" in the West. Debate means a discussion between people with different opinions on a single topic. Even today, in many Western educational settings, debates are still **incorporated into** the classroom, where the class is divided into two groups, one for and one against, on a given topic, **regardless of** the individual student's opinion, to ensure that healthy debates take place.

This experience allows us to hone our know-how on how to deal with those who hold different opinions when we encounter them while at the same time **deepening our understanding**.

The important thing to remember is that debate should be a game of catch. In other words, a discussion should be an **exchange of opinions** and should not hurt the other person's feelings or become **emotional**. Opinions are exchanged through

れたことがありました。この時、日本に来る人は日本の常識や慣習に従うべきだと主張する人も多くいたことは記憶に新しく、この問題の根の深さを実感させられました。

## 民主主義社会の本質である欧米の「ディベートの文化」とは

ただ、ここで一つ考えてみたいことがあります。

それは、こうした課題に対して以前は柔軟であった欧米社会でも、最近では今回のフランスのような対応や意識が目立ってきていることです。

元々、欧米には「ディベートの文化」がありました。ディベートとは、一つのテーマをめぐって意見の異なる人が議論をすることを意味しています。今でも欧米の教育現場の多くでは、健全なディベートが行われるように、生徒個々人の考えとは関係なく、課題となるテーマについてクラスを賛成組と反対組の二つに分けて議論することが授業の中に組み込まれています。

この経験で、違う意見に遭遇したときに、異なる意見を持つ相手とどう対応するかというノウハウを磨くことが可能になるのと同時に、異なる意見を持つ者への理解を深めることもできるわけです。

大切なことは、ディベートはキャッチボールであるべきだということです。つまり、議論は意見の交換であって、相手の心を傷つけたり感情的なものであったりしてはならないのです。意見はあくまで知識と知恵に基づい

▶日本に暮らすムスリムは2020年末で約23万人といわれている。大分県別府市にある立命館アジア太平洋大学（APU）は多くのムスリム留学生および教職員が在籍しているため、学内には礼拝所やハラール認証を受けたカフェテリアがある。

▶ディベート（debate）と似た意味の言葉に、ディスカッション（discussion）がある。後者はよりオープンに、異なるアイデアや意見を互いに交換して学んでいくことに重きを置く。

127

arguments based on knowledge and wisdom and use logic. For example, emotional expressions that attack the other person's character, such as "Are you an idiot?" are strongly **discouraged**.

This "culture of debate" is the starting point for discussion in Western **democratic societies**, and there are rules of debate that must be followed in parliamentary and other exchanges of opinion, no matter how severe and confrontational they may be.

In a sense, when Western-style democracy was introduced to Asia, the formal **parliamentary system** was imported, but the **essential** rules and awareness were not. Even today, it is difficult for Japanese people in business and politics to separate their personal feelings from their opinions and to deepen discussions while playing logical games of catch. In some cases, speaking one's mind in front of one's superiors is taboo.

## We need calm discussions and must make efforts to recognize diversity once again

From this perspective, there is **considerable** concern about the **unilateral** regulation of Islamic traditions in France, which has such a long democratic tradition.

If we are concerned about whether the regulation of abaya is really based on logic and whether it is applied to other religions as well, it raises the question of whether **freedom of religion and expression** should not be guaranteed in public places in the first place. In order to tolerate diversity, it is equally necessary to

た議論によって交換し、ロジックをもって闘われるもの
で、例えば「バカじゃないの」などといった感情的で相
手の人格を傷つける表現は強く**戒められる**のです。

　この「ディベートの文化」こそが、欧米の**民主主義社
会**での議論の原点となり、議会などでの意見の応酬の場
でも、仮にそれがいかに厳しく対立したものであっても
守られなければならない議論のルールがあるのです。

　ある意味でアジアに欧米流の民主主義が導入されたと
き、形式上の**議会制度**などは輸入されたものの、こうし
た**本質的な**ルールや意識が輸入されなかったことが、課
題として残されているようです。日本人は今でも個人の
心と意見とを切り離し、論理的にキャッチボールしつつ
議論を深めてゆくという考え方がビジネスや政治の現場
でも難しく、はっきりと反対されるとあたかも相手を傷
つけるのではないかというような意識があり、上司など
の前で自分の考えを明快に語ることがタブーとなってい
るケースも見受けられます。


## いま一度冷静な議論と多様性を認め合う努力が必要


　この視点で見たときに、民主主義の長い伝統をもつフ
ランスでのイスラム教の伝統への一方的な規制には、**少
なからぬ危機感**を抱いてしまいます。

　本当にロジックに基づいた議論によって、アバヤの規
制がなされ、それは他の宗教へも同様に適応されている
のかも気になれば、そもそも**信教や表現の自由**が公の場
所で保障されなくても構わないのかという論点も浮かび
上がります。多様性を容認するためには、異なる衣装や

make an effort to understand how to accept different clothes and customs.

If maintaining the "culture of debate," which is **fundamental** in Western societies, becomes difficult, many people will have concerns about the threat of **totalitarianism**, an experience humanity has faced in the past.

There are concerns that both in France and the United States, where **social division** is increasing, it is becoming difficult to have discussions where opinions are exchanged calmly and there is a handshake at the end.

Regarding the current regulation on wearing the abaya, we probably need another calm discussion in accordance with the "culture of debate."

習慣をどのように受け入れ理解し合うかという努力も同様に必要だからです。

　今、欧米でも社会の**根幹**となっている「ディベートの文化」の維持が困難になっているとしたら、その先には過去に人類が経験した**全体主義**への脅威があるのでは、と気にする人も多いはずです。
　フランスにしても、**社会の分断**が進むアメリカにしても、議論の後に握手をするという冷静な意見の交換がしづらくなっているのではないかと懸念されます。

　今回のアバヤの着用規制についても、あらためて「ディベートの文化」を冷静に踏襲しなおした議論が必要なのではないでしょうか。

# Key word

## REGULATION　規制、法規

　「〔主に行政機関による〕法的拘束力を持つ規則または命令」のことを表します。regulationは「規則や法律によって行動を導く」ことに重点を置くのに対して、本文に出てくるrestriction（制限、制約）は「特定の行動や行為に制限を設ける」ことに重点を置く、という違いがあります。また、法律を意味するlawは「〔主権当局によって〕施行される規則のシステム全体」なので、すなわちlawに基づいてregulationが採用、施行されます。私たちの行動を制約するregulationは、本来その成立過程で生じる疑問や意見について議論を尽くすことが必要なのではないでしょうか。

---

### 事例

The company implemented regulations to ensure workplace safety.
企業は職場の安全を確保するための規制を導入した。

However, this can be challenging due to variations in local regulations and cultural differences.
ただし、地域の規制の違いや文化の違いにより、これは困難な場合がある。

When regulations are relaxed, business runs more smoothly.
規制が緩和されれば、ビジネスはより円滑に進む。

### あなたはどう答える？

What is your opinion on foreigners being expected to follow Japanese norms and customs?
外国人が日本の規範や慣習に従うことを求められることについて、どう思いますか？

ヒント　タトゥーをしている人への入浴制限、公共交通機関で静かにする、順番待ちの列での割り込みNGなど、海外の人からすると異なる日本の常識に驚くことも多いようです。「郷に入っては郷に従え」とは言いますが、「なぜ」このような慣習が必要なのか伝えられますか？

覚えておくと便利な単語、表現

☐ **in the first place**　第一に、そもそも
☐ **align with**　〜と協調する、合致する
☐ **require effort**　努力を要する

# 第9話
# 出口の見えないガザでの戦争に
# 戸惑うアメリカ

## Article 9
## U.S. Baffled by a War
## with No Way Out in Gaza

The very weapons that Israeli forces have used to en-
force a blockade of Gaza are now being used against
them.

—— New York Times

（イスラエルがガザを封鎖するために使用した武器こそが、今ではハ
マスがイスラエルに抗戦するために使用されている）

## The message behind U.S. retaliation against militia organizations

At the end of January 2024, three U.S. soldiers were killed in a **drone attack** near the border between Jordan and Syria. The U.S. military announced it would **retaliate** against a **militia group**, claiming the attack was Iranian-sponsored.

This incident occurred amid escalating tensions since October 2023, when Hamas killed civilians and took hostages in Israel, leading to a full-scale Israeli military invasion of the Gaza Strip, leaving the situation chaotic and the resolution uncertain.

The United States had accused Iran of supporting not only Hamas but also **Houthi** militia groups in Yemen, and Hezbollah, which operates in southern Lebanon. Yemen is strategically located at the entrance to the **Red Sea** and serves as a crucial route for logistics, including oil exports to Asia from the **Suez Canal** and Gulf countries. The Houthis were taking advantage of this **geographical advantage** to attack ships belonging to states supporting Israel. At the same time, Hezbollah has threatened Israel's security from the north. The U.S. viewed this incident as an opportunity to **drive a wedge** between these threats.

The U.S. response would send two messages to Israel.

One is to **make it clear**, both domestically and internationally, that the U.S. supports Israel. At the same time, however, providing such support also pressures Israel to exercise restraint.

It is this conflicting message that symbolizes the U.S.'s

## 民兵組織に対するアメリカの報復に見るメッセージ

2024年1月末に、ヨルダンとシリアとの国境付近で**ドローンによる攻撃**があり、アメリカ軍の兵士3名が殺害されました。アメリカ軍は、イランの支援による攻撃であるとして、支援を受けている**民兵組織**への**報復**を発表しました。

これは2023年の10月に、ハマスがイスラエルで住民を殺害し人質をとったのを機に、ガザ地区にイスラエル軍が本格的な侵攻を行い、情勢が混沌として出口が見えなくなっている最中のできごとでした。

アメリカは、イランがハマスだけでなく、イエメンの民兵組織**フーシ派**や、レバノン南部で活動するヒズボラなどを支援していることを非難していました。イエメンは、**紅海**の入口にある国で、**スエズ運河**や湾岸諸国からアジアなどへの石油輸出をはじめとする物流の重要なルートに位置するだけに、フーシ派は**その地の利**を活かして、イスラエルを支援する国家の船舶への攻撃を行っていたのです。同時に、ヒズボラはイスラエルの安全を北部から脅かしています。アメリカは、今回の事件を契機に、こうした脅威に対して**楔を打とう**としたわけです。

今回のアメリカの対応は、イスラエルに二つのメッセージを与えることになります。

一つは、アメリカがイスラエルを支援していることを内外に**明快**に伝えることです。しかし、同時にイスラエルには、そうした支援を行うからこそ自制を促してほしいという圧力もかけていることになります。

この相反するメッセージこそ、ガザの問題におけるア

▶フーシ派はイエメン北部を拠点に活動するイスラム教シーア派の武装組織。反米・反イスラエルを掲げ、ハマスとの連帯を表明し、イランの支援を受けて支配地域を拡大している。

worries about the Gaza issue. It is deeply concerned about Israeli Prime Minister Netanyahu's fervent efforts to control Gaza, which rely heavily on the support of **hard-liners** and **right-wing factions** within Israel. It has sent Secretary of State Blinken to the Middle East several times in a desperate attempt to get a handle on the situation. The U.S. is actually **desperate to** achieve a ceasefire as soon as possible, especially since there is strong opposition around the world to Israel, which has continued its **excessive** attacks on Gaza and has repeatedly slaughtered the local people.


## Netanyahu's government in a difficult situation due to divided public opinion even within Israel

The Netanyahu administration in Israel is struggling with divided public opinion, not only abroad but also domestically. In addition to the **resentment** toward a government that continues to attack and inflict suffering without securing the **release of hostages**, there are voices within Israel's right-wing and hard-line supporters that have grown disillusioned with Netanyahu's inability to **achieve results**.

Within Israel, there is a fierce **feud** between the moderates and the hard-liners.

The hard-liners, with what may seem like extreme logic, assert that Gaza should belong to the people of Israel. They argue that since this area was once the land of the Jewish people over 2,000 years ago, it is their inherent right to establish their own nation there and are pressing the government to **expel** the people of Palestine from the Gaza Strip.

メリカの悩みを象徴しているのです。アメリカは、イスラエル国内の**強硬派**や**右派**を支持基盤にしているネタニヤフ首相がガザの制圧に躍起になっていることに強い懸念をもっています。ブリンケン国務長官を中東に何度も派遣し、事態の収拾に目処を立たせようと**必死**になっています。まして、**過剰な**までにガザへの攻撃を続け、現地の人々への殺戮を繰り返すイスラエルに対する強い反発が世界中で起きているだけに、一刻も早い停戦を実現させたいのがその本音です。

## イスラエル国内でも割れる世論に窮するネタニヤフ政権

　その批判は単に海外だけではなく、イスラエル国内でも巻き起こっています。イスラエルでは、攻撃を続け人々を苦しめるだけで**人質を解放**できない政府への**反発**があるだけではなく、ネタニヤフ首相の支持基盤である右派や強硬派からも彼が**成果をあげられない**ことに見切りをつける声が上がっているのです。

　イスラエルの中には、穏健派と強硬派との激しい**確執**があります。

　強硬派は私たちから見ると異常とも思える論理で、ガザをイスラエルの人々のものにするべきだと主張します。つまり、2000年以上前にここはユダヤ人の国のあった場所で、そこに自らの国を打ち立てるのは当然の権利だと主張し、ガザ地区からパレスチナの人々を**駆逐する**べきだと政府に迫るのです。

▶ネタニヤフ首相が党首を務める右派のリクードは、左派の労働党と並ぶ二大政党の一つ。大イスラエル主義（旧約聖書に登場する古代ユダヤ＝イスラエル王国の最大版図を領土とする）を掲げている。

Netanyahu's current political stance cannot ignore such extreme nationalism, which some consider foolish and absurd. Therefore, Prime Minister Netanyahu has also **sent troops** to the southern strongholds in the Gaza Strip to take control of the entire area and focus on thoroughly destroying Hamas as soon as possible. However, as reported, Hamas is also very determined and has continued its **guerrilla warfare**, even using weapons originally taken from Israel.

Yet if Israel continues this brutal war, it risks not only external criticism but also stoking animosity from Palestinian residents and **Fatah**—the faction that split from Hamas and maintains an autonomous zone in the **West Bank along the Jordan River**. This poses a significant threat to Israel.

The U.S. is naturally hoping that the current administration will manage to control these far-right forces and that a ceasefire will be reached in Gaza. Even though the **Gulf countries** and Saudi Arabia, which currently maintain friendly relations with the U.S. in the Middle East, are at risk of having tensions boil over and the spread of new conflicts.

## The Middle East, a world where different languages, religions, and tribes intersect

On the other hand, it is important to keep in mind that the background of the Middle East is complex. For example, if we look at the **Arabian Peninsula**, various small countries are linked together to form the United Arab Emirates. As the word

▶ nationalism ➜ p.144

こうした極端な**民族主義**を、愚かでばかばかしいと無視できないのが、今のネタニヤフ首相の政治的な立ち位置なのです。ですから、ネタニヤフ首相はガザ地区の南部の拠点にも**兵を送り**、ガザ地区全体を制圧し、できるだけ早くハマスを徹底して壊滅させることに注力するのです。しかし、報道されているように、ハマスもしたたかで、元々イスラエルから奪った武器をも使用して、**ゲリラ戦**を続けています。

とはいえ、このままイスラエルが残酷な戦争を続ければ、内外の批判にさらされるだけではなく、**ヨルダン川西岸**に自治区を維持するハマスが分裂した母体となった**ファタハ**や、そこに住むパレスチナ住民の敵意も煽ることになりかねません。それはイスラエルにとっても大きな脅威です。

アメリカは、当然この極右勢力を現政権がなんとかコントロールして、ガザで停戦が成立することを願っています。今でこそ中東でアメリカと友好関係を築いている**湾岸諸国**やサウジアラビアの世論までもが、このままでは沸騰し、中東に新たな火種が拡散する恐れがあるからです。

## 異なる言語、宗教、部族が交差する中東の世界

一方で、中東と一言でいっても、その背景が複雑であることは押さえておきたい事実です。例えば、**アラビア半島**を見ると、さまざまな小国が連携しアラブ首長国連邦を構成しています。この**首長**という言葉からもわかる

▶ファタハはパレスチナの政党。1957年にアラファトによって設立され、パレスチナ解放機構（PLO）に加入。パレスチナ自治政府の主流としてヨルダン川西岸地区を治めるが、ガザ地区を実効支配するハマスとは対立している。

▶アラブ首長国連邦（United Arab Emirates、略称 UAE）は、7つの首長国からなる連邦国家。連邦の首都は7国の中で最大のアブダビ首長国の首都アブダビで、石油資源が豊富である。また、人口が最も多い都市はドバイ首長国の首都ドバイで、観光や金融を担っている。連邦議会は両国を含む5か国の賛成がなければ議決しない。

139

**emirate** suggests, the Arab world was originally an extremely complex region in which various tribes operated independently, sometimes in conflict with each other and sometimes allied with each other to maintain power.

I think it's easier to understand if you imagine that during the Edo period, Japan was a divided nation ruled by over 300 **feudal lords**. In the Arab world, there was no powerful organization like the **shogunate** to unify them further.

Moreover, the Arabs are not easily united because of two different factors: their tribes and the sects of Islam they follow. Just as Iran and Saudi Arabia are **at odds with each other** because of their religious backgrounds, the United Arab Emirates are also different in the way each sub-nation is governed, depending on the will of its leader.

Therefore, the response to **Palestinian refugees** has been a mix of countries and regions that are both proactive and completely indifferent, which has made diplomacy and business in the Middle East extremely complex to date.

There is no "Arab" nation within the Arab world. Instead, what unites many of them is the common threat posed by the **founding of Israel** and the existence of Palestinian refugees who were displaced from their land.

The nightmare for the United States is that continued killings in the Gaza Strip, driven by Israel's hard-liners, could further instigate such sentiments among Arabs, making it difficult for the United States, which supports Israel, to exert control. If this happens, an impact greater than the oil shock could affect the global economy. Of course, this would also have a major impact on the course of the **presidential election**.

ように、アラブの世界は元々さまざまな部族が独立して活動し、部族同士が時には対立し、時には同盟しながら、お互いの勢力を維持していた極めて複雑な地域だったのです。

ちょうど、江戸時代に日本が300以上の**諸侯**によって統治されていた分断国家であったことを想像すればわかりやすいと思います。アラブの世界にはさらにそれらを統一する**幕府**のような強力な組織がなかったわけです。

しかも、アラブは部族と、彼らが信仰するイスラム教の宗派の違いという二つの異なる要素によって、簡単には一つにならないのです。宗教的な背景からイランとサウジアラビアが**対立する**ように、アラブ首長国連邦も、その首長の意思によって、それぞれの小国家の統治方法も異なっているのです。

ですから、**パレスチナ難民**への対応にも、積極的な国と全く無関心ともいえる国や地域が混在しており、それによって中東との外交やビジネスの上でも極めて複雑な対応がこれまで必要となっていたのです。

アラブ世界に「アラブ」という国家は存在しないのです。そんな彼らの中の多くに、共通の脅威として結びつけているのが、**イスラエルの建国**と、そこで土地を追われたパレスチナ難民の存在だったのです。

アメリカの悪夢は、イスラエルの強硬派に押されてガザ地区での殺戮が続くことで、アラブの中にこうした意識がさらに芽生え、イスラエルを支援するアメリカのコントロールが効きにくくなることです。そうなれば、オイルショック以上の衝撃が世界経済を圧迫しかねません。もちろん、このことは**大統領選挙**の行方にも大きな影響を与えることになります。

▶オイルショックは1970年代に2度発生した、原油の供給ひっ迫と原油価格の高騰に伴う世界経済の大混乱。1973年の第四次中東戦争を機に第1次、1978年のイラン革命を機に第2次オイルショックが始まった。

However, when viewing this problem from afar, one cannot help but loudly question why innocent lives are lost, and property is being destroyed due to Israel's attacks, with no resolution beyond international political maneuvering.

Whether it is the Ukraine crisis or the Gaza issue, there is no end to political analyses. However, the inability to resolve it and protect human life and property may stem from the limits of **human wisdom**.

ただ、遠くからこの問題をみるときに、なぜイスラエルの攻撃によって罪もない人々が殺され、財産が破壊されていることを、国際政治の駆け引きでしか解決できないのかということを声高に叫びたくなります。

　ウクライナの問題にしろ、ガザの問題にしろ、政治的な分析はいくらでもできるのです。しかし、それを解決し、人命と財産を守ることができないのが、**人類の知恵**の限界なのかもしれません。

# Key word

## NATIONALISM　国家主義、民族主義

　辞書的には「国家に対する忠誠心や献身」などを意味しますが、文脈によって解釈も異なるこの言葉を一義的に定義するのは難しいでしょう。自己の所属する民族のもとで、国家という統一された政治的な共同体を形成しようとする意識・運動という語義もみられます。

　ユダヤ人は2000年以上前にパレスチナの地を治めたとされ、離散（ディアスポラ）した後は自らの国を持つことなく、宗教的な対立や政治的な利害に翻弄される歴史をたどってきました。その一方で、パレスチナの地に長く居住してきたアラブ人たちも同じように翻弄され、自らの国を持てないまま戦火の下で命の危険にさらされています。彼らが背負ってきた歴史を振り返った今、この言葉の意味と重みを改めて考えるべきではないでしょうか。

- - -

### 事例

It is difficult to find a single definition for the term "nationalism."

「ナショナリズム」という言葉を一概に定義することは難しい。

The rise of nationalist sentiment in the country has led to an increase in anti-immigrant sentiment.

国内のナショナリズム感情の高まりは、反移民感情の高まりにつながっている。

### ? あなたはどう答える？

How is Japan addressing the current issues in the Middle East?

日本は現在の中東問題に対してどのように取り組んでいますか？

> ヒント　原油輸入の9割以上を中東に依存している日本にとって、中東情勢の安定は一大事です。日本はイスラエルとパレスチナのそれぞれが国家として共存する「二国家解決（Two-state solution）」を支持しています。また、ガザ地区への緊急人道支援の実施を決めています。

### 覚えておくと便利な単語、表現

- ☐ with no way out　出口の見えない
- ☐ pressure ~ to accept peace terms　～に対し和平案を受け入れるよう圧力をかける
- ☐ keep in mind that　～ということに留意する

# 中東を考えるうえでぜひ知っておきたいこと

　皆さんは中東といえば、どのようなイメージを思い浮かべますか？　アラビア半島のほとんどを占める広大な砂漠、潤沢な石油資源、カタールやドバイのような経済が発展した国々。——そして、それとは真逆の戦争やテロで荒廃した地域が広がっているといったイメージがつきまとう人も多いのではないでしょうか。

　しかし、ここでぜひ知っておきたいのは、中東が今も昔も、世界の文明に刺激を与えてきた華麗でかつ多様な文化の発信源であるということです。

　ヨーロッパでは中世になると、多くの文化文芸活動が教会の厳しい検閲にさらされました。古代ギリシアやローマ時代に開花した多くの科学技術や文芸活動は廃れ、いわゆる暗黒時代に突入してしまいます。

　7世紀にイスラム教が生まれ、イスラム教に支えられた国家が中東から広く地中海北部、さらには現在のスペインにまで拡大し、東は現在のイランからアフガニスタン一帯にまでおよんだとき、そうしたギリシア・ローマ以来の技術や文芸活動は、このイスラム社会で再度育まれることになります。元のギリシア・ローマ文明に、イスラム社会で培われた建築や装飾技術、そしてその下地になる数学や物理学といった基礎的な科学が融合し

スペイン・グラナダに残るアル
ハンブラ宮殿は、イベリア半島
最後のイスラム王朝・ナスル朝
時代の建築。城塞の性質も備え
ており、西方イスラム世界の代
表的な建築とされている。

たことで、中東は世界文明の大きな核へと成長したのです。

　実は、中世ヨーロッパでも、キリスト教の教義を体系化するときに、中東で開花した哲学的な考え方が取り入れられたほどなのです。

　そして、何よりも忘れてはならないのは、西欧世界が再び近代化を始めたきっかけとなったルネサンスは、イスラム世界からの科学技術の継承なくしては起こり得なかったという事実です。

　アラブ世界の人々は、この壮大な文明史への誇りを今でももっています。そして、彼らのプライドに対して、西欧世界があまりにも無知であることが、彼らの心に深い傷をうがっていることも忘れないようにしたいのです。

　例えば、8世紀から9世紀にかけて世界を凌駕したイスラム帝国であるアッバース朝が首都を建設したのが、現在のイラクの首都バグダードです。このバグダードに830年に創立された「知恵の館」という図書館では、世界中の知恵がアラビア語に翻訳され、保存されていました。この図書館の源流となったのは、イスラム世界ができ上がる以前に西欧や中央アジアで培われた文明を継承していたササン朝ペルシアの文献であったといわれています。現在の中東世界の礎を築いたのは、古くはギリシア・ローマ時代、さらにペルシアや東は中国の文明までを吸収して発展させた、イスラム圏に開花した数々の王朝だったのです。

しかも、こうしたイスラム世界では、他の宗教活動に対しても比較的寛容で、カトリックによって他の宗教をすべて異端として弾劾していた中世ヨーロッパと比較すれば、イスラム世界に多様な文明が流れ込んできたのは当然のことだったのです。

　我々はこうしたイスラム文化の歴史をしっかりと押さえたうえで、現在のガザやパレスチナで起きている悲劇を見据えてゆくべきです。
　ヨーロッパが近代化され、産業革命を経て世界をリードしてゆくまで、文明の流れは西から東ではなく、東から西へと伝搬されていきました。このことをもう一度考えてみれば、先鋭化されたイスラム教過激派だけをイメージしてイスラム世界を捉えることが、いかに理不尽であるかがわかってくるはずです。

　世界のどの民族や宗教にも、異なる価値観に対して寛容でない、原理主義者とも呼ばれる人々が活動しています。アメリカやロシア、そしてインドなどといった大国の中にもそうした人々によるテロ活動があり、それはイスラム世界だけのことではないのです。ただ、中東地域は 19 世紀から 20 世紀にかけて、あまりにも多くの利権や権益の確保を目指す欧米の都合と搾取によって分断され、蹂躙されてきました。そのことが結果として、中東を極めて不安定な地域にしてしまった事実があることを忘れないようにしてほしいのです。

アッバース朝第 7 代カリフのマームーンが設立した「知恵の館」には、天文台も併設されていたといわれる。医学・天文学・数学に関するヒポクラテスなどの文献や、プラトン・アリストテレスなどの哲学関連の文献がアラビア語に翻訳された。

# ［おわりに］
# 今ガザ地区では

　2024年は3月11日から一か月間、イスラム暦に従ってラマダンに入ります。イスラム教徒はこの期間、日の出から日の入りまで断食をして、イスラム教の始祖であるムハンマドにコーランの教えが告げられたとするこの時期を過ごすのです。

　しかし今、ガザ地区では断食という言葉は皮肉にすら聞こえます。

　ガザ地区南部にまで侵攻したイスラエル軍からの攻撃は、ラマダンの時期になっても沈静化する様子はありません。続く戦闘のなかで、飢餓に苦しむ人々にトラックで食料を供給しようとしたとき、パニックになった群衆にイスラエル軍が発砲し、100名を超える死者がでたこともつい最近報道され、深刻な国際問題となりました。

　ガザ南部の主要都市ラファをターゲットとするイスラエル軍の攻撃によって、食料も思うように届かない状況のなかで、栄養不足のために子供をはじめとした弱者の健康状態が日々悪化しているのが現実です。

　国連のグテーレス事務総長は、せめてラマダンの月だけでも停戦をするよう、関係者に慈悲の精神をと呼びかけました。そしてその後3月にはガザ地区に来て強く平和を呼びかけました。2月末から、湾岸諸国の一つであるカタールやエジプトなどの仲介で、アメリカも主導しながら停戦への交渉を行いましたが、お互いの主張が乖離しすぎていて、思うように進みません。

　ハマスがイスラエルから拉致してきた人質をすべて解放すべきだとするイスラエルと、イスラエルに不当に拘束されているパレスチナ人を釈放し、イスラエル軍はガザから撤退するべきだとするハマス側とが折り合いをつけるのは、そう簡単ではないのです。

　この混沌とした、そして悲惨な状況のなか、アメリカのミシガン州で一つの

抗議行動が起こりました。ミシガン州はアメリカの中でもアラブ系移民が多く、社会にもしっかりと進出している地域なのです。

　アラブ系の人々はもともと民主党の支持母体ですが、2024年の大統領選挙にあたって、イスラエルの行なっていることは大量殺戮（genocide）であって、こうした行為に対していまだにイスラエルに強い態度をとれないバイデン大統領を支持することはできないと表明し、彼らが抗議行動にでたのです。

　ミシガン州は、共和党と民主党とが拮抗し、大統領選挙にとってはその結果を左右しかねない重要な州となります。そこで、民主党の支持母体であるアラブ系の人々が立ち上がったことは、バイデン大統領にとっては痛手です。

　しかし、同時にユダヤ系の人々の支持を失うことも、経済的にも選挙を戦ううえでも民主党にとっては痛手なのです。つまり、バイデン大統領は、国際世論と国内の移民グループとの間に立って、動きが取れない状況に追い込まれているのです。

　この矛盾は、決してアメリカだけのことではありません。イギリスなどの欧米の主要国でも多かれ少なかれ、こうした問題を抱えています。

　第二次世界大戦でナチスによるユダヤ人への大量虐殺を行なったことで、イスラエルに気を使っているドイツなども、なかなか明快な立場を表明できないのです。こうした国際社会の矛盾の中で、イスラエルによるガザ侵攻が続けられています。

　本書のまえがきでも触れた通り、ガザ地区を含む地中海に面した中東地域は、芳醇な大地と海の恵みによって育まれた豊かな文化が花開いた地域でした。

　今、そんな地域が、アラブ人とユダヤ人という二つの異なる宗教を信奉する人々による憎しみの連鎖によって破壊され続けています。

　しかし、彼らも元は同じ神をあがめる隣人であり、民族的にも近い者同士であったはずです。そんな二つの人々が、あたかも家族がその遺産相続をめぐって悲しい争議を繰り広げているのと同じように対立を繰り返し、出口の見えな

い凄惨な状況となって、すでに何十年もの歳月が経過しています。

　人種差別を排除して、人々が平等に生きられるようにという第二次世界大戦以来の理想が、この地域では葬られているのです。


　パレスチナでの問題解決に影響力を行使できるアメリカは、今イスラエルの過剰ともいえる軍事行動に対して、その抑制を求めています。

　しかし、イスラエルのネタニヤフ政権は、ここで紹介したアメリカ国内での大統領選挙をめぐる政治的な動きを見越してか、なかなか言うことを聞いてくれないのが実情です。しかも、ネタニヤフ政権自体も、強硬な行動を主張する右派の支持によって成り立っているのです。ハマスとイスラエルとの対立は、その結果どれだけ罪のない人々が犠牲になっても、解決の糸口は容易に見出せないのです。


　民族と異なる宗教の共存という視点に立った場合、イスラエルがなぜ建国したのかという原点と、それによってパレスチナで何が起きたのかという過去の経緯をもう一度冷静に考え、お互いの主張から妥協点を見出す必要があることはいうまでもありません。

　2024年3月18日の段階で、ガザ地区ではすでにイスラエルの本格的な侵攻以来3万人を超す死者がでています。破壊された家屋やビルの数はおよそ7万棟、そしてヨルダン川西岸を含め、イスラエルに拘束されているパレスチナ人の数は3300人にものぼっています。一方、この戦闘でイスラエル側も200人以上の軍人が命を落とし、いまだに134人の人質が解放されていません。

　この状況のなかで、双方とも世界に支援を訴えているわけです。


　アラブ人もユダヤ人も、中東の長い混乱の歴史を経て世界に拡散しています。彼らは世界各地で移民として活動し、その多くは移住した国にとっても重要な人材となっています。

　こうした移住者のことを、英語ではダイアスポーラ（diaspora）といいます。この戦争、そして過去から続く対立は、彼らダイアスポーラの心にも、複雑

な影響を与えました。2024年になってイギリスでは、ユダヤ人への差別（anti Semitism）を動機とするヘイトクライムが増加しているというニュースが目立ってきています。これはアメリカでも同様です。

　そこで思い出すのが、2001年に中東のイスラム過激派組織による同時多発テロがアメリカで発生したときのことです。そのときは、アラブ人へのヘイトクライムだけではなく、FBIなどによる監視や強制送還なども多くなり、社会問題となりました。

　ニューヨークで飛行機に搭乗しているときにアラブ系の人が搭乗すると、明らかに多くの人がそれを気にして不安になっている様子があったことを鮮明に覚えています。中東での紛争は、このように世界へと不安や憎悪の波を広げてゆくのです。


　この人類の生みだした負の遺産の荒波を、凪いだ美しい夕陽のみえる海に変えてゆくにはどうしたらよいのでしょうか。

　地中海に沈む夕日を眺めながら、同じ思いを抱いているパレスチナの人々、イスラエルの人々も多くいるのではないでしょうか。

# 参考資料

## Appendix

## 中東情勢関連略年表　A Brief Chronology of Middle East Affairs

| | |
|---|---|
| 前 1500 頃 | ヘブライ人がカナン（現パレスチナの一部）に定住<br>Hebrews settle in Canaan (now part of Palestine) |
| 前 1230 頃 | モーゼによる「出エジプト」で「十戒」を授かる<br>Moses' "Exodus" receiving the "Ten Commandments" |
| 前 1000 頃 | イスラエル王国（ヘブライ王国）のダヴィデ王がエルサレムに都を建設<br>King David of the Kingdom of Israel (Hebrew Kingdom) builds the capital in Jerusalem |
| 前 960 頃 | ソロモン王がエルサレムに第一神殿を建設<br>King Solomon builds the First Temple in Jerusalem |
| 前 922 頃 | 北のイスラエル王国と南のユダ王国に分裂<br>Split into the Kingdom of Israel in the north and the Kingdom of Judah in the south |
| 前 586 | ユダ王国が新バビロニアに滅ぼされ多くの人民が捕虜に（バビロン捕囚）<br>The Kingdom of Judah is destroyed by the New Babylonians and many of its people are taken into captivity (Exile) |
| 前 538 | アケメネス朝ペルシアのキュロス 2 世によって解放されエルサレムに帰還<br>Liberated by Cyrus II of Achaemenid Persia and returned to Jerusalem<br><br><br>バビロン捕囚 Exile |
| 前 63 | ローマ帝国領のユダヤ属州となる<br>Becomes a Jewish province of the Roman Empire |
| 30 頃 | イエスが磔刑に処される<br>Jesus is crucified |
| 66 | 対ローマ帝国の反乱（第一次ユダヤ戦争）に失敗<br>Failed rebellion against the Roman Empire (First Jewish–Roman War) |

154

| | |
|---|---|
| 70 | ローマ帝国がソロモン神殿（エルサレム）を破壊<br>Roman Empire destroys Solomon's Temple in Jerusalem |
| 132 | 対ローマ帝国の反乱（第二次ユダヤ戦争）に失敗し、「シリア・パレスチナ」属州となる<br>Failed revolt against the Roman Empire (Bar Kokhba revolt) and becomes a "Syrian-Palestinian" province |
| 313 | ミラノ勅令によってローマ帝国がキリスト教を公認する<br>The Edict of Milan authorizes Christianity in the Roman Empire |
| 325 頃 | エルサレムに聖墳墓教会が建てられる<br>The Church of the Holy Sepulchre is built in Jerusalem |
| 392 | キリスト教がローマ帝国の国教となる<br>Christianity becomes the state religion of the Roman Empire |
| 610 頃 | ムハンマドがアラビア半島でイスラム教を創始<br>Muhammad founds Islam in the Arabian Peninsula |
| 638 | イスラム軍の征服でエルサレムがイスラム教の支配下に入る<br>Muslim conquest of Jerusalem brings the city under Muslim rule |
| 1096<br>〜1270 | イスラム教支配からの聖地エルサレムの奪回を目指す十字軍が派遣される<br>Crusaders are sent to retake the Muslim-ruled city of Jerusalem |
| 1350 頃 | 欧州で黒死病（ペスト）が流行し、ユダヤ人はゲットーに強制隔離される<br>The Black Death (plague) spreads in Europe, and Jews are forcibly quarantined in ghettos |
| 1517 | オスマン帝国がパレスチナを支配する<br>Ottoman Empire takes control of Palestine<br><br><br>スレイマン1世 Suleiman the Magnificent（1494-1566）<br>オスマン帝国の第10代皇帝(在位1520-66)。アラブ遠征を行い、帝国をスンニ派イスラム世界の盟主とした父セリム1世の後を継いだ。46年にわたる長期在位中に対外遠征を重ねて数多くの軍事的成功を収めたほか、法典を編纂し中央集権体制を整え、オスマン帝国を最盛期に導いた。 |
| 1881 | ロシアでポグロム（反ユダヤ暴動）が発生<br>Pogroms erupt in Russia |

| 1894 | フランスでドレフュス事件（ユダヤ系軍人へのスパイ容疑事件）が起こる<br>The Dreyfus Affair occurs in France |
|---|---|
| 1897 | スイスで第一回シオニスト会議が開かれる／シオニズム運動<br>First Zionist Congress held in Switzerland / Zionist Movement |
| 1914 | 第一次世界大戦 開戦<br>World War I begins |
| 1915 | フサイン＝マクマホン協定（英国がアラブ人に独立国家を承認する）<br>McMahon-Hussein Correspondence |
| 1916 | サイクス・ピコ協定（英仏が中東を分割支配しようとする密約）<br>Sykes-Picot Agreement |
| 1917 | バルフォア宣言（英国がユダヤ人に国家建設を承認する）<br>Balfour Declaration<br><br>アーサー・バルフォア<br>Arthur Balfour（1848-1930） |
| 1920 | セーヴル条約（第一次世界大戦後のオスマン帝国との講和条約）<br>Treaty of Sèvres |
| 1922 | パレスチナがイギリス委任統治領となる<br>Palestine becomes a British Mandate |
| 1929 | 「嘆きの壁」事件，エルサレムでアラブ人とユダヤ人が軍事衝突<br>The "1929 Palestine riots," military clashes between Arabs and Jews in Jerusalem |
| 1933～45 | ナチス＝ドイツによるホロコースト<br>Holocaust by Nazi Germany |
| 1945 | 第二次世界大戦 終結<br>World War II Ends |
| 1947 | パレスチナ分割決議が国連で採択される<br>Palestine Partition Plan Adopted at UN |
| 1948 | イスラエル建国宣言／第一次中東戦争<br>Declaration of the Founding of the State of Israel / 1948 Palestine war |
| 1949 | イスラエルが国連に加盟<br>Israel joins the United Nations |

| 1956 | ナセル・エジプト大統領、スエズ運河国有化宣言<br>Egyptian President Nasser declares nationalization of the Suez Canal |
|------|------|

ガマール・アブドゥル＝ナセル
Gamal Abdel Nasser（1918-1970）

| 1956 | 第二次中東戦争<br>Second Arab–Israeli War |
|------|------|
| 1957 | ファタハ（パレスチナ民族解放運動）設立<br>Fatah (Palestinian National Liberation Movement) established |
| 1964 | パレスチナ解放機構（PLO）結成<br>Palestine Liberation Organization (PLO) formed |
| 1966 | ファタハ設置の地雷でイスラエル兵が亡くなる（サム事件）<br>Israeli soldier killed by a landmine installed at Fatah (Samu incident) |
| 1967 | 第三次中東戦争<br>Six-Day War |
| 1969 | アラファトが PLO 議長に就任<br>Arafat assumes PLO chairmanship |
| 1970 | PFLP 旅客機同時ハイジャック事件<br>Dawson's Field hijackings |

ハイジャックに成功したニューヨーク行きの旅客機2機は、行き先を変更させられヨルダンの「革命空港」に強制着陸させられた。

| 1972 | テルアビブ空港乱射事件<br>Tel Aviv Airport Shooting<br><br>ミュンヘン五輪選手団襲撃事件<br>Munich Massacre of Olympic athletes |
|------|------|
| 1973 | 第四次中東戦争／オイル＝ショック<br>Yom Kippur War / Oil Shock |

| 1978 | イラン革命<br>Iranian Revolution |
|---|---|
| 1979 | エジプト＝イスラエル平和条約<br>Egypt-Israel Peace Treaty |
| 1980 | イラン・イラク戦争<br>Iran-Iraq War (1980-1988) |
| 1982 | イスラエルのレバノン侵攻（第五次中東戦争）<br>Israeli invasion of Lebanon (Fifth Middle East War) |
| 1987 | イスラエル占領地でインティファーダ（反イスラエル蜂起）／ハマス設立<br>Intifada (anti-Israeli uprising) in Israeli-occupied territories / Hamas established |
| 1988 | アラファトが独立宣言、パレスチナ国成立<br>Arafat declares independence and the State of Palestine is established |
| 1990 | イラク（フセイン大統領）のクウェート侵攻<br>Iraq (President Hussein) invades Kuwait |
| 1991 | 湾岸戦争<br>Gulf War |
| 1993 | オスロ合意<br>Oslo Accords |
| 1994 | パレスチナ自治政府 設立<br>Palestinian Authority established<br><br>パレスチナの旗は水平三色旗で、縦の幅を三分割して上から黒、白、緑の三色が配され、旗の左側から赤色の三角形が右に向かって突き出している。使用されている4色は汎アラブ色と呼ばれ、アラブ諸国の国旗に広く用いられている。この旗の意匠は、第一次世界大戦中にオスマン帝国からのアラブ人独立と統一アラブ国家の樹立を目指したアラブ反乱（1916-18）の旗に由来する。 |
| 2000 | 第 2 次インティファーダ<br>Second Intifada |
| 2001 | 米国同時多発テロ事件<br>September 11th attacks |
| 2005 | イスラエルがガザ地区から撤退開始<br>Israel begins withdrawing from the Gaza Strip |

| | |
|---|---|
| 2006 | パレスチナ評議会選挙でハマスが勝利<br>Hamas Wins Palestinian Parliamentary Elections<br><br>ガザ侵攻<br>2006 Gaza–Israel conflict<br><br>イスラエルのレバノン侵攻<br>Israeli invasion of Lebanon |
| 2007 | ハマスがガザ地区を武力制圧／ファタハのアッバース議長がヨルダン川西岸地区に緊急内閣を発足<br>Hamas takes armed control of Gaza Strip / Fatah Chairman Mahmoud Abbas establishes emergency cabinet in West Bank |
| 2008 | ガザ紛争<br>Gaza War (2008–2009) |
| 2009 | イスラエルでネタニヤフ政権（第2次）発足<br>Inauguration of Netanyahu government (2nd) in Israel |
| 2014 | ガザ侵攻<br>2014 Gaza War |
| 2017～21 | トランプ米大統領によるイスラエル寄りの政策<br>Pro-Israel Policy by U.S. President Trump<br><br><br>ドナルド・トランプ<br>Donald Trump（1946- ） |
| 2023 | ハマスによるイスラエル攻撃／イスラエルによる宣戦布告<br>Hamas Attacks on Israel / Declaration of War by Israel |

## 国・地域、人々
### Countries, Regions, People

| | |
|---|---|
| **パレスチナ**<br>Palestine | 地中海東岸の南部地域。古くはカナンと呼ばれた。パレスチナの名の由来は、南部に定着したペリシテ人（フィリスティア人）とされる。今日、政治的に定義されたこの地域は、イスラエルとパレスチナ自治区で構成されている。 |
| **イスラエル**<br>Israel | 1948 年建国のユダヤ人による共和制国家。実質的な首都はテルアビブ。イスラエルはエルサレムを首都と規定しているが、国連決議では認められていない。サウジアラビア・シリア等のイスラム圏 24 か国は国家承認していない。 |
| **エルサレム**<br>Jerusalem | ユダヤ教、キリスト教、イスラム教の聖市。イスラエルはエルサレムを首都としており（国際的には未承認）、パレスチナは東エルサレムを首都と宣言している。東エルサレムは国際法上パレスチナだが、現在はイスラエルの実効支配下にある。 |
| **パレスチナ国**<br>State of Palestine | パレスチナに位置する共和制国家。ヨルダン川西岸地区とガザ地区を領土とし、東エルサレムを首都と定めているが、パレスチナ自治政府による実効支配はその一部にとどまる。1988 年 11 月 15 日に初代大統領のヤセル・アラファトがパレスチナの独立宣言を発表し、パレスチナ国を国号として定めた。国際連合には未加盟だが、2021 年時点で 138 の加盟国が国家として承認している（日本は未承認）。 |
| **パレスチナ自治区**<br>Palestinian Territories | パレスチナ地域のうち、ヨルダン川西岸地区とエジプトに接するガザ地区、東エルサレムから成るパレスチナ人の自治地区。行政はパレスチナ解放機構（PLO）が母体となって設立されたパレスチナ自治政府が担う。 |
| **スエズ運河**<br>Suez Canal | 地中海と紅海を結ぶ全長約 190km の運河。フランス人外交官レセップスが設立した国際スエズ運河会社によって、1859 年から 1869 年にかけて建設され、1869 年 11 月 17 日に正式に開通した。地中海と紅海を経由して北大西洋と北インド洋を結ぶ水路であり、アフリカ大陸を回らずにヨーロッパとアジアを海運で連結することができるため、世界物流の要衝である。 |

| クルド人<br>Kurds | クルディスタン（トルコ・イラク北部・イラン北西部・シリア北東部等）と呼ばれる、中東の各国に広くまたがる地域に住むイラン系山岳民族。人口は 3,500 万〜 4,800 万人といわれ、中東ではアラブ人・トルコ人・ペルシア人（イラン人）の次に多い。その大半がイスラム教に属する。もともとクルド人の居住地はオスマン帝国領内にあったが、第一次世界大戦後、サイクス・ピコ協定に基づき英仏露によって恣意的に引かれた国境線によって分断された。 |
|---|---|
| パレスチナ人<br>Palestinian | パレスチナに居住するアラブ人を独立した民族としたときの呼称。現在パレスチナのほか、ヨルダンやシリア、その他の国に難民や移民として居住している。 |
| パレスチナ難民<br>Palestinian refugee | 1948 年のイスラエル建国と第一次中東戦争、および 1967 年の第三次中東戦争で逃れた（追放された）パレスチナの居住民とその子孫。ほとんどはヨルダン・レバノン・シリア・ヨルダン川西岸地区・ガザ地区の難民キャンプとその周辺に住んでいる。 |
| ヘブライ人<br>Hebrews | セム語系民族。前 1500 年頃にパレスチナの地に移住、定着した。一部はエジプトに移ったが、前 13 世紀頃モーゼに率いられてエジプトを脱し、パレスチナに戻った。ヘブライ人は外国人による呼称で、彼らはイスラエル人と自称した。また、バビロン捕囚後はユダヤ人と呼ばれる場合が多い。 |
| ユダヤ人<br>Jews | ユダヤ教の信者またはユダヤ教の信者を親に持つ者によって構成される宗教信者のこと。原義はイスラエル民族のみを指した。 |

スエズ運河

| 3つの宗教<br>Three Religions | |
|---|---|
| **ユダヤ教**<br>Judaism | ユダヤ人による民族宗教。ヤハウェを唯一神とし、選民思想（ヤハウェとの契約を守るユダヤ人だけが救われる）や戒律主義などを特色とする。のちのキリスト教・イスラム教の成立に影響を与えた。 |
| **モーゼ**<br>Moses | ヘブライ人の伝説的預言者。ユダヤ教・キリスト教・イスラム教やその他の宗教において、最重要の預言者の一人とされる。前13世紀頃の「出エジプト」を指導し、ヘブライ人をパレスチナの地に導く途上、シナイ山で唯一神ヤハウェから十戒を授かったとされる。 |
| **バビロン捕囚**<br>Babylonian captivity | 新バビロニアがユダ王国を滅ぼし、その住民の多くをバビロンに強制移住させた事件。前538年にアケメネス朝ペルシアのキュロス2世により解放された。帰還したユダヤ人はヤハウェ信仰の正しさを確信し、エルサレムに神殿を再興してユダヤ教を成立させた。 |
| **ゲットー**<br>ghetto | 中世のドイツ・東欧の都市に設けられたユダヤ人の強制隔離居住区。第二次世界大戦時のナチス＝ドイツがユダヤ人絶滅のために設けた強制収容所もこのように呼ばれる。 |
| **ポグロム**<br>pogrom | 〈露〉ユダヤ人に対する集団的な迫害行為。十字軍以降、ヨーロッパ各地で発生したが、ロシアでは19世紀以降さかんになった。 |
| **ドレフュス事件**<br>Dreyfus affair | 1894年に当時のフランス陸軍大尉であったユダヤ人のアドルフ・ドレフュスがスパイ容疑で逮捕された冤罪事件。この事件を取材していたユダヤ人ジャーナリストのテオドール・ヘルツルは、ユダヤ人国家建設を掲げるシオニズムを提唱し、のちのイスラエル建国へとつながった。 |
| **シオニズム**<br>Zionism | ユダヤ人の国家建設を推進しようとする考え方。エルサレム近くの聖なる丘シオンに復帰建国しようとする運動が、1897年の第一回シオニスト大会から高揚し、第二次世界大戦後の1948年にイスラエルが建設された。 |
| **ホロコースト**<br>The Holocaust | 第二次世界大戦時のナチス・ドイツや占領地で、ユダヤ人などに対して組織的に行われた絶滅政策・大量虐殺。少なくとも600万人以上のユダヤ人および旧ソ連軍捕虜や少数民族の人々が犠牲になった。 |

| | |
|---|---|
| **帰還法**<br>The Law of Return | 1950 年に制定されたイスラエルの法律。世界中に離散している国外のユダヤ教徒がイスラエルに移民することを認めるもの。 |
| **キリスト教**<br>Christianity | イエスがキリスト（救世主）であることと、その教えを信じる宗教。母体とするユダヤ教の選民思想や形式主義を克服し、世界宗教に発展した一神教。 |
| **イエス**<br>Jesus | パレスチナのユダヤの地で活動したとされる人物。選民思想の民族的な優越感を否定し、神の絶対愛と隣人愛を説いた。エルサレムのそばのゴルゴタの丘で、ローマ帝国の法に従って磔刑に処された。信徒がイエスの復活を確信してその教えを広めたことでキリスト教が成立した。 |
| **十字軍**<br>crusade | 聖地エルサレムをイスラムの支配から奪回する目的で結成されたキリスト教との軍隊。兵士たちが十字の印をつけたことからその名がついた。1096 ～ 1270 年にかけて、正式には 7 回おこされたが、第 1 回・第 5 回を除いては失敗し、最終的に聖地回復も達成されなかった。 |
| **キリスト教福音派**<br>Evangelical | キリスト教プロテスタントの一宗派。聖書の記述を忠実に守り、伝道を重視し、積極的に行動することを旨とする。アメリカでは国民の約 25％を占めるといわれ、主流派のプロテスタントを上回る最大勢力で、イスラエル擁護の傾向が強い。 |
| **原理主義**<br>fundamentalism | 元来はキリスト教の神学用語。プロテスタントの中でも保守派がリベラルに対抗した神学運動だったが、その後は穏健な保守派を福音派、超保守派を原理主義と呼ぶようになった。一方で、イラン革命以降のイスラム復興や急進派の活動等を総称して「イスラム原理主義」という用語が使われ始めた。理念としては、イスラム教の原点に立ちかえって、国家・社会の建設をはかろうとする政治運動やイデオロギーである。 |
| **イスラム教**<br>Islam | ムハンマドが創始した宗教。イスラムとはアラビア語で「神への絶対的服従」を意味する。唯一神であるアッラーの前での平等が説かれ、信徒たちはムスリムと呼ばれる。 |
| **ムハンマド**<br>Muhammad | 預言者でイスラム教の創始者。610 年頃にアッラーの啓示を受けて、その啓示を公に説き、神への絶対的服従（イスラム）が正しい生き方だと宣言した。 |

| | |
|---|---|
| **オスマン帝国**<br>Ottoman Empire | 1299 年から 1922 年まで続き、最盛期には東欧・西アジア・北アフリカにまたがる領域を支配したイスラムの大帝国。1453 年には東ローマ帝国を滅ぼし、その首都であったコンスタンティノープルを征服後、イスタンブールと改称して自らの首都とした。19 世紀に入ると、民族主義の台頭による独立運動や欧州列強の干渉によって弱体化し、第一次世界大戦に敗れたのち滅亡した。 |
| **汎アラブ主義**<br>pan-Arabism | 中東における国家を超えたアラブ民族の連帯をめざす思想。アラブ民族主義ともいう。第一次世界大戦前に、欧州列強による植民地支配やオスマン帝国からの解放を求める民族的政治運動として展開され始めた。 |
| **シーア派三日月地帯**<br>Shiite crescent | イランからイラク、シリア、レバノンにまたがる地域で、イラン（シーア派）の同盟勢力が帯状に連なっている様子を指す地政学的な表現。 |
| **ラマダン**<br>Ramadan | ヒジュラ暦（イスラム暦）での第 9 月を指し、この月は一か月にわたって日の出から日没にかけて、イスラム教徒（ムスリム）の義務の一つ「断食（サウム）」として一切の飲食を断つ。空腹や自己犠牲を経験し、飢えた人や平等への共感を育むことを重視し、また親族や友人らと苦しい体験を分かち合うことで、ムスリム同士の連帯感が強まる。イスラム教ではラマダン月以外にも断食は行われるが、一か月を通して続けられるのはこの月のみであるため「断食月」とも呼ばれる。この月にコーランが預言者ムハンマドに啓示されたことから、ムスリムにとってラマダンは「聖なる月」ともされている。 |
| **ジハード**<br>jihad | イスラム教徒によるイスラム世界の拡大、防衛のための異教徒に対する戦い。ムスリムに課される義務とされ、戦死者は殉教者になるという。しばしば「聖戦」と和訳されるが、元のアラビア語には本来、神聖や戦争の意味は含まれていない。 |

## パレスチナ問題
### Israeli–Palestinian conflict

| | |
|---|---|
| **委任統治**<br>mandate | 第一次世界大戦後の敗戦国ドイツ・オスマン帝国の領土を処分する方式。国際連盟によって委任された国が一定の非独立地域を統治するという名目だが、実質的な領土の再分割（植民地支配）であった。第二次世界大戦後に廃止され、国際連合下の信託統治制度へと発展・継承された。 |
| **パレスチナ分割決議**<br>United Nations Partition<br>Plan for Palestine | 1947年11月の国連総会で採択された。イギリスの委任統治終了後、エルサレムは国際管理下に置き、パレスチナの土地の56.5％をユダヤに、43.5％をアラブに分割するという不合理な内容で、アラブ側は拒否したが、ユダヤ側はこれを受け入れてイスラエルを建国した。 |
| **二国家解決**<br>Two-state solution | イスラエル・パレスチナ間の領土紛争の解決方法案の一つ。諸外国によるパレスチナ国の国家承認によって、イスラエルと将来の独立したパレスチナが平和かつ安全に共存すること（二国家共存）を目指すもの。 |
| **中東和平ロードマップ**<br>road map for peace | 2003年、アメリカ・EU・ロシア・国連の四者で合意されたパレスチナ問題の包括的解決に向けての行程表。パレスチナ側がテロ活動を中止し、イスラエル側がパレスチナ国家の成立を認めて和平実現を目指す内容で、実現は困難とみられているが和平交渉の指針となっている。<br><br>ジョージ・W・ブッシュ<br>George W. Bush（1946- ）<br><br>2001年のアメリカ同時多発テロ事件が起きると、当時のブッシュ米大統領（r.2001-09）は「テロとの戦い」を国家目標として掲げ、テロの温床としての中東問題を解決する必要が生じた。標的であるイラクのフセイン政権打倒へと向かう中、中東和平に向けての包括的合意をはかるため、EU・国連・ロシアに働きかけ、「中東和平ロードマップ」が四者連名で合意された。 |

| 主なできごと<br>Major Events | |
|---|---|
| **嘆きの壁事件**<br>1929 Palestine riots | 1929 年 8 月にイギリス委任統治領パレスチナのエルサレムにある「嘆きの壁」で発生したアラブ人とユダヤ人の武力衝突。この事件を機にパレスチナ各地でアラブ人による一連のユダヤ人襲撃事件が起こった。 |
| **ナクバ**<br>Nakba | 1948 年のイスラエル建国とともにパレスチナに居住していたアラブ（パレスチナ）人が迫害・追放され、祖国が破壊されたこと。70 万人以上が難民となり、故郷と家を失った。 |
| **第一次中東戦争**<br>1948 Palestine War | 1948 年のイスラエル建国直後に勃発したイスラエル対アラブ連合軍（エジプト・ヨルダン・シリア・レバノン・イラク）の戦い。イスラエルが勝利し、国連の分割決議より広大な土地を占領した。ここでの休戦ライン（グリーンライン）がイスラエルとアラブ諸国との境界線だと国際的に認識されている。この戦争で 100 万人のパレスチナ難民が発生した。 |
| **第二次中東戦争**<br>Second Arab–Israeli War | 1956 年、7 月にスエズ運河の国有化を宣言したエジプトに対し、英仏以の 3 国が密約を結んで、10 月に侵攻して始まった戦い。3 国に対する米ソを中心とした国際的な強い非難と国連即時停戦決議の採択によって、3 国は撤退を余儀なくされた。エジプトはスエズ運河の国有化を達成した。 |
| **第三次中東戦争**<br>Six-Day War | 1967 年に勃発したイスラエル対アラブ連合軍（エジプト・シリア・ヨルダン・イラク）の戦い。わずか 6 日間の短期戦でイスラエルが勝利し、エジプトのシナイ半島とガザ地区、ヨルダンのヨルダン川西岸、シリアのゴラン高原を（休戦ラインを越えて）占領した。この戦争で新たなパレスチナ難民が大量に発生した。 |
| **PFLP 旅客機同時ハイジャック事件**<br>Dawson's Field hijackings | パレスチナ解放機構（PLO）の下部組織であるパレスチナ解放人民戦線（PFLP）が、1970 年 9 月に起こした 5 機の旅客機に対する同時ハイジャック事件。組織はパレスチナ問題に関する自らの主張と、イスラエルや西側諸国に捕らえられている「同胞」の解放を要求した。人質は全員無事に解放されたが、その後 PLO の本拠地であるヨルダンでの内戦とシリアの介入を招き、PLO はレバノンへ追放された。PLO はこの一連の事件を「黒い九月」と呼び、秘密テロ組織のグループ名にも使われた。 |

| | |
|---|---|
| **テルアビブ空港乱射事件**<br>Lod Airport massacre | 1972年5月にイスラエルのテルアビブ近郊都市ロッドにあるロッド国際空港（現ベン・グリオン国際空港）で発生したテロ事件。パレスチナ解放人民戦線（PFLP）の対外作戦部隊（PFLP-EO）が計画し、当時「アラブ赤軍」などと自称した日本人政治活動家（後の日本赤軍）3名が実行した。当時、テロリストが無差別に一般市民を襲撃することは前代未聞であり、また実行犯がアラブ・イスラエル両陣営とは何の関係もない日本人だったことも全世界に衝撃を与えた。 |
| **ミュンヘン五輪選手団**<br>**襲撃事件**<br>Munich massacre | 1972年9月5日に西ドイツのミュンヘンでパレスチナ武装組織「黒い九月」により実行されたテロ事件。オリンピックの選手村に侵入した組織メンバーによってイスラエルのアスリート11名が亡くなった。「黒い九月」はパレスチナ解放機構（PLO）の最大派閥ファタハが結成した秘密テロ組織で、ファタハとの関係が明るみに出ると解散した。 |
| **第四次中東戦争**<br>Yom Kippur War | 1973年に勃発したイスラエル対アラブ諸国（エジプト・シリア・ヨルダン・イラク）の戦い。第三次中東戦争での失地回復を目指し、エジプトがシリアとともにイスラエルを攻撃した。イスラエルはシリア側の占領地を広げ、国連決議により停戦した。1982年にはエジプトにシナイ半島が返還されるとともに、イスラエルが一方的にゴラン高原の併合を宣言した。この戦争中、アラブ石油輸出国機構（OAPEC）による石油戦略発動によって、第1次オイル＝ショックが発生した。 |
| **レバノン内戦**<br>Lebanese Civil War | 1975年から1990年にかけてレバノンで発生した、キリスト教勢力（マロン派）とパレスチナ解放機構（PLO）を主力としたアラブ人との内戦。その規模から「第五次中東戦争」とも呼ばれる。また1982年から1985年にかけてのイスラエル軍と多国籍軍の出兵期間は（第一次）レバノン戦争と呼ばれる。イスラエルはレバノンを拠点とするPLOを撤退させ、アラブの影響力を排除することを目的に侵攻した。PLOは拠点をチュニジアのチュニスに移さざるを得なくなり、また抵抗の中で民兵組織ヒズボラが結成された。 |

| | |
|---|---|
| **イラン革命**<br>Iranian Revolution | 1979 年に起きた当時の国王パフラヴィー 2 世の親米・独裁政治に対するイスラム共和主義革命。パフラヴィー 2 世は 1961 年から西欧化政策、いわゆる「白色革命」を断行し近代化と世俗化を推進したが、米国を後ろ盾にした独裁への反発から失脚した。シーア派ホメイニ師が実権を握り、イスラム的戒律の復活とイスラム原理主義を掲げ、周辺のイスラム原理主義勢力の活動を活発化させた。 |
| **イラン・イラク戦争**<br>Iran–Iraq War | 1980 年にイラン革命の混乱に乗じてイラクがイランに侵入して勃発した戦い。国連などの調停も実らず 9 年間もの消耗戦が続いた。イランと厳しく対立していたアメリカがイラクを支援し、イラクが軍事大国化する契機となった。 |
| **インティファーダ**<br>Intifada | 1987 年以降、イスラエル占領地のガザ・ヨルダン川西岸地区でつづけられてきた、投石などによる民衆蜂起・抗議運動。 |
| **湾岸戦争**<br>Gulf War | 1991 年にイラクのクウェート侵攻に端を発した戦争。米国主導の多国籍軍とイラクとの間で勃発した。イラン・イラク戦争による債務と原油価格の下落による経済的苦境に陥っていたイラクが、クウェートからの融資返済を求められたのを機に侵攻した。多国籍軍の勝利によりクウェートは解放されたが、人的被害や石油火災・石油流出などの環境汚染が問題となった。 |
| **オスロ合意**<br>Oslo Accords | 1993 年にイスラエルとパレスチナ解放機構（PLO）の間で合意された一連の協定で、正式な名称は「パレスチナ暫定自治協定」。ノルウェーの仲介で秘密交渉が進められ、ワシントン D.C. のホワイトハウスで調印された。協定には、①イスラエルを国家として、PLO をパレスチナ自治政府として相互に承認する、②イスラエルが占領地から暫定的に撤退し、5 年にわたって自治政府による自治を認める、等の内容が盛り込まれた。 |
| **ガザ紛争**<br>Gaza War (2008–2009) | 2008 年から 2009 年にかけて、イスラエルとハマスとの間で行われた紛争。パレスチナ側では 1,300 人以上が死亡したが、犠牲者の大多数は一般市民（中でも 3 分の 1 は子供）であった。 |

| アラブの春<br>Arab Spring | 2010 年 12 月にチュニジアで起きた民主化運動（ジャスミン革命）から始まり、2012 年にかけて北アフリカ・中東のアラブ諸国に広がった民主化と自由を求める大規模な運動。エジプト、リビア、イエメンなどで長期独裁政権が倒された一方で、その後の国内での混乱や内戦が泥沼に陥り、強権的な軍事政権や過激派組織が台頭するなど「アラブの冬」として事実上挫折している。 |
|---|---|
| シリア内戦<br>Syrian civil war | 2011 年から 2024 年 3 月現在まで続く、シリア政府軍とシリアの反体制派および外国勢力を含む同盟組織などによる多面的な内戦。2011 年にチュニジアで起きたジャスミン革命の影響によってアラブ諸国に波及した「アラブの春」のうちの一つ。1960 年以降の世界史において最も難民が発生した戦争といわれている。 |
| ガザ侵攻<br>2014 Gaza War | 2014 年 7 月 8 日にイスラエルがガザ地区に侵攻したことで行われた対ハマスの紛争。イスラエル・パレスチナ間の紛争としては、この時点では第四次中東戦争（1973）以降、最大の死傷者を出した紛争となり、パレスチナ側の死者はガザ地区だけで 2,100 人を超えたとされる。8 月 26 日に無期限停戦で一応終息した。 |
| イラン核合意<br>Iran nuclear deal | 米英独仏中露の 6 か国とイランが 2015 年に合意した、イランの核をめぐる包括的共同作業計画。イランがウラン濃縮活動などの核開発を大幅に制限する代わりに、主要国がイランに対する制裁を解除するという内容。中東での核開発の広がりを防ぐ動きとして評価されたが、イランと敵対するイスラエルやサウジアラビアは、イランの台頭につながることを懸念し反発。2018 年にトランプ前米大統領が核合意からの一方的な離脱を表明し、対イラン経済制裁を再開したことで、機能不全に陥った。 |

**湾岸戦争**
戦中、クウェートで石油火災がイラク軍により起こされた。多国籍軍に追跡されていたイラク軍は、焦土作戦の一環として 700 の油井に放火した。油井周辺には地雷が設置されていたため消火活動は難航し、鎮火されるまでの 10 か月間で広範囲にわたる環境汚染が生じた。

## 関連人物
### Related Persons

| | |
|---|---|
| **イツハク・ラビン**<br>Yitzhak Rabin | イスラエル元首相（r.1974-77、1992-95）。軍人出身の対パレスチナ強硬派で第三次中東戦争（1967）を勝利に導いた後、労働党の政治家として首相になると和平派に転じた。1993年にパレスチナ解放機構（PLO）のアラファトとの間でオスロ合意を成立させたが、1995年に和平路線に反対する極右ユダヤ人学生に暗殺された。（1922-95） |
| **アリエル・シャロン**<br>Ariel Sharon | 元イスラエル首相（r.2001-06）であり、右派の指導者。対パレスチナ強硬姿勢を鮮明にし、1993年のオスロ合意で形成されつつあった中東和平を大きく後退させた。2000年にエルサレムのイスラム教聖域に立ち入り、パレスチナ側の第2次インティファーダを呼び起こした。しかし、さらなる右派のネタニヤフが台頭すると、対抗のため和平推進に転じた。イスラエル首相として初めてパレスチナ人国家の存在を認め、さらにイスラエルの占領地ガザ地区から2005年8月に完全撤退した。（1928-2014） |
| **ベンヤミン・ネタニヤフ**<br>Benjamin Netanyahu | 現イスラエル首相（r.2022-）。イスラエル建国後に生まれた最初の首相であり、通算任期15年は歴代最長。保守派の政党リクードの党首であり、強硬派として知られている。（1949-） |
| **ヤセル・アラファト**<br>Yasser Arafat | アラブ民族解放運動の指導者。1969年以来、パレスチナ解放機構（PLO）の議長となり武装闘争を指導し、74年のアラブ首脳会議でPLOがパレスチナ唯一の代表であることを承認させた。1980年代末からはイスラエルとの共存を図る「二国家共存」を打ち出し和平を進め、1993年にはイスラエルと相互承認を行い、暫定自治政府を立てた。（1929-2004） |
| **サダム・フセイン**<br>Saddam Hussein | 元イラク大統領（r.1979-2003）。対外的にイラン・イラク戦争、クウェート侵攻および湾岸戦争をおこし、国内では独裁政治を行って反対派を弾圧するとともに、少数民族のクルド人を虐殺した。2003年の米英軍によるイラク攻撃によって政権が崩壊し、同年アメリカ軍によって拘束された。米軍占領下のイラク高等法廷で死刑判決を受け、2006年に処刑された。（1937-2006） |

| | |
|---|---|
| **ウサーマ・ビン＝ラーデ ィン**<br>Osama bin Laden | サウジアラビアの大富豪出身でイスラム急進派の指導者。ア フガニスタン紛争（1978-92）に義勇兵として参加しソ連へ の抵抗活動をするとともに、国際テロ組織アルカーイダを結 成し、2001年のアメリカ同時多発テロ事件をはじめ数々の テロ事件を首謀した。（1957-2011） |
| **アリー・ハメネイ**<br>Ali Hosseini Khamenei | イランの第2代最高指導者（r.1989-）。反米姿勢を貫く保守 強硬派。1979年のイラン革命後、イスラム革命評議会議員、 国防次官、イスラム革命防衛隊司令官、大統領、最高国防会 議議長を歴任した。初代最高指導者のホメイニ師の死後、後 継に選ばれた。（1939-） |
| **バッシャール・アル＝ アサド**<br>Bashar al-Assad | 現シリア大統領（r.2000-）。前任のハーフィズ・アル＝アサド （1930-2000）の次男。父と同様、イスラム教としては少数派 のアラウィー派（シーア派の一派）に属するが、シリア国内 ではスンニ派が7割を超える。2011年からアラブの春（民主 化運動）が及んだ国内で反政府運動を厳しく弾圧し、武装化 した反政府派との激しいシリア内戦が続いている。（1965-） |

| 関連組織・政党<br>Related Organizations and Parties | |
|---|---|
| **アラブ連盟**<br>League of Arab States | アラブ世界の政治的な地域協力機構で、アラブ諸国連盟ともいう。第二次世界大戦末期の 1945 年 3 月、アラブ諸国の共通利害を守るためにエジプト王国が主導して創設された。原加盟国は 7 か国で、本部はカイロにある。イスラエルの建国に反対で一致し、一連の中東戦争では重要な役割を担ったが、エジプト・イスラエルの和解を皮切りに結束力は低下したが、組織上は現在も 21 か国と 1 機構の加盟で存続している。 |
| **国際刑事裁判所（ICC）**<br>International Criminal Court | 国際関心事である重大な犯罪について責任ある「個人」を訴追・処罰する常設の裁判所。本部はオランダのハーグにある。法律的にも機能的にも国際連合からは独立しており、国連システムの一部でもない。2024 年 3 月 11 日、日本人として初めての所長に赤根智子氏が選出された。 |
| **国際司法裁判所（ICJ）**<br>International Court of Justice | 国連の主要機関の一つで、ニューヨークに所在しない唯一の機関である。国家間の法律的紛争について裁判をしたり、国連総会や安保理の要請に応じて勧告的意見を与える常設の国際司法機関。本部はオランダのハーグにおかれ、1946 年にそれまでの常設国際司法裁判所に代わって活動を開始した。判決や勧告的意見による国際司法裁判所の意見は、国際法の発展に多大な影響を与えるため、「世界法廷」(World Court)とも呼ばれる。 |
| **国連パレスチナ難民救済事業機関（UNRWA）**<br>United Nations Relief and Works Agency for Palestine Refugees in the Near East | 約 500 万人のパレスチナ難民に対して、教育・保健・福祉・救急などの援助および人間開発を担う国連総会の補助機関。第一次中東戦争後、1949 年 12 月 8 日に採択された国連総会決議により、パレスチナ難民のための救済と事業実施を目的として設置された。国連機関の中でも最大の組織であり、2 万 9000 人を超える職員のうち、99% はパレスチナ人の現地職員である。本部はガザ地区の中心都市ガザと、ヨルダンの首都アンマンに置かれている。 |
| **バアス党**<br>Ba'ath Party | シリア・イラクなどでアラブ民族主義を標榜して活動する汎アラブ主義政党。公式名称はアラブ社会主義復興党。シリアでは 1970 年からバアス党のアサド（現大統領の父）が大統領として独裁的な権力を握った。イラクでは 1979 年からサダム・フセイン大統領を出し、2003 年まで長期独裁政権を築いた。 |

| | |
|---|---|
| **パレスチナ解放機構<br>（PLO）**<br>Palestine Liberation<br>Organization | イスラエルの支配下にあるパレスチナの土地と権利回復を目的に、1964年に結成したパレスチナ人の組織。1974年にエジプトで開催されたアラブ連盟による第一回アラブ首脳会議にて、パレスチナ唯一の代表機関と承認された。 |
| **ファタハ**<br>Fatah | パレスチナ国の政党。1957年にアラファトによって設立され、パレスチナ解放機構（PLO）に加入。パレスチナ自治政府の主流としてヨルダン川西岸地区を治めるが、ガザ地区を実効支配するハマスとは対立している。 |
| **リクード**<br>Likud | 1973年に結成されたイスラエルの政党。左派の労働党と並ぶ二大政党の一つ。軍事力の強化による領土の拡大を主張し、対アラブで最も強硬な右派政党である。大イスラエル主義（旧約聖書に登場する古代ユダヤ＝イスラエル王国の最大版図を領土とする）を掲げている。 |
| **湾岸協力理事会（GCC）**<br>Gulf Cooperation<br>Council | 中東・ペルシア湾岸地域における軍事・経済・文化・情報・社会・司法などの協力機構。イラン革命やソ連のアフガニスタン侵攻、イラン・イラク戦争などへの危機感を契機に、1981年にアブダビ（アラブ首長国連邦の首都）で設立された。本部はリヤド（サウジアラビアの首都）にある。加盟国は6か国で、アラブ首長国連邦・バーレーン・クウェート・オマーン・カタール・サウジアラビア。 |

国際司法裁判所が設置されているオランダ・ハーグの「平和宮」

| 武装組織・民兵組織<br>Armed and militia groups | |
|---|---|
| **IS**<br>Islamic State | イスラム国家の樹立運動を行うイスラム過激派テロ組織。イラク・シリア・アフガニスタンなどを活動拠点とし、米国との対テロ戦争などにも参加したほか、さまざまな国籍の人を拉致・虐殺するなどしていた。2024年現在もテロ活動を継続している。 |
| **アルカーイダ**<br>Al-Qaeda | イスラム主義を掲げるスンニ派ムスリムを主体とした国際テロ組織。アフガニスタン紛争中の1988年、ソ連軍への抵抗運動に参加していたウサーマ・ビン＝ラーディンとその同志らによって結成された。1990年代以降、1998年のアメリカ大使館爆破事件や2001年のアメリカ同時多発テロ事件等、アメリカを標的とした数々のテロ事件を実行した。 |
| **イスラム革命防衛隊**<br>Islamic Revolutionary<br>Guard Corps（IRGC） | イラン革命の起きた1979年に創設されたイランの軍隊組織の一つ。旧帝政への忠誠心を疑われた正規軍（国軍）への平衡力として、革命体制の護持を目的とする。兵力は約12万5000人といわれ、正規軍をもしのぐ規模を誇る。国境警備や対テロ作戦などを担当し、シリア、イラク、レバノンなどでイスラム教シーア派の民兵組織を指導・支援もする。シリア内戦への介入を通じ、東地中海につながる「シーア派三日月地帯」と呼ばれる地域で影響力を持つ。 |
| **ハマス**<br>Hamas | 1987年に結成されたパレスチナのスンニ派イスラム原理主義の政治・軍事組織で、現在はガザ地区を実効支配している。武装闘争によるイスラエルの破壊とイスラム国家の樹立を目指しており、イラン・シリア・カタール・イラクなどが支援している。 |
| **ヒズボラ**<br>Hezbollah | 1982年に結成されたレバノンのシーア派イスラム主義の政治・武装組織。急進的なイスラム主義を唱え、非イスラム的影響の排除とイスラエルの殲滅を掲げており、イランとシリアの政治支援を受けている。 |
| **フーシ派**<br>Houthis | イエメン北部を拠点に活動するイスラム教シーア派の武装組織。反米・反イスラエルを掲げ、ハマスとの連帯を表明し、イランの支援を受けて支配地域を拡大している。 |

**English Conversational Ability Test**
国際英語会話能力検定

● **E-CATとは…**
英語が話せるようになるための
テストです。インターネットベ
ースで、30分であなたの発話力
をチェックします。

www.ecatexam.com

● **iTEP®とは…**
世界各国の企業、政府機関、アメリカの大学300
校以上が、英語能力判定テストとして採用。オン
ラインによる90分のテストで文法、リーディン
グ、リスニング、ライティング、スピーキングの
5技能をスコア化。iTEP®は、留学、就職、海外
赴任などに必要な、世界に通用する英語力を総
合的に評価する画期的なテストです。

www.itepexamjapan.com

日英対訳
# 英語で話す中東情勢

2024年 5 月 5 日　第 1 刷発行

著　者　　山久瀬洋二

発行者　　賀 川　　洋

発行所　　IBCパブリッシング株式会社
　　　　　〒162-0804 東京都新宿区中里町29番3号 菱秀神楽坂ビル
　　　　　Tel. 03-3513-4511　Fax. 03-3513-4512
　　　　　www.ibcpub.co.jp

印刷所　　株式会社シナノパブリッシングプレス

© Yoji Yamakuse 2024

Printed in Japan

落丁本・乱丁本は、小社宛にお送りください。送料小社負担にてお取り替えいたします。
本書の無断複写（コピー）は著作権法上での例外を除き禁じられています。

ISBN978-4-7946-0811-6